東京書籍版 漢字3年

JN058739

【イラスト】かつまたひろこ、たかはしかず、TICTOC

音読を聞き合おう

きほんのワーク

すいせんのラッパ

◆「読み方」の赤い字は教科書で使われている読みです。はまちがえやすい漢字です。

教科書 上16～28ページ

べん強した日　月　日

すいせんのラッパ

19ページ
葉（くさかんむり）
読み方：ヨウ　は
つかい方：落葉（らくよう）・葉っぱ・言葉（ことば）・落ち葉（おちば）
12画

「葉」のひつじゅん。
「葉」の「世」の部分は、「世世世世世」と書くよ。
ひつじゅんに気をつけて書こう。
ちゅうい！

19ページ
起（そうにょう）
読み方：キ　おきる・おこる　おこす
つかい方：起立（きりつ）・早く起きる・体を起こす
10画

20ページ
速（しんにょう／しんにゅう）
読み方：ソク　はやい・はやめる　はやまる・（すみやか）
つかい方：速度（そくど）・高速道路（こうそくどうろ）・流れが速い・息が速まる
10画

20ページ
面（めん）
読み方：メン　（おも）（おもて）（つら）
つかい方：一面（いちめん）・画面（がめん）・場面（ばめん）
9画

20ページ
向（くち）
読み方：コウ　むく・むける　むかう・むこう
つかい方：方向（ほうこう）・西へ向かう・向こうの空
6画

緑 22ページ

緑　いとへん

（はらう・とめる・はねる）

読み方　リョク・（ロク）　みどり

つかい方　緑地（りょくち）・緑茶（りょくちゃ）・新緑（しんりょく）　緑色（みどりいろ）・緑（みどり）の多い町

14画

かん字の形にちゅうい。

○ 緑　× 緑

右下の部分（ぶ）を「水」と書かないようにしよう。

ちゅうい！

感 23ページ

感　こころ

（はじめに書く・わすれない・はねる・とめる・まげる）

読み方　カン　——

つかい方　感心（かんしん）・感想（かんそう）・よい感（かん）じ　幸（しあわ）せを感（かん）じる

13画

豆 23ページ

豆　まめ

（長く）

読み方　トウ・ズ　まめ

つかい方　豆（とう）ふ・大豆（だいず）　豆（まめ）つぶ

7画

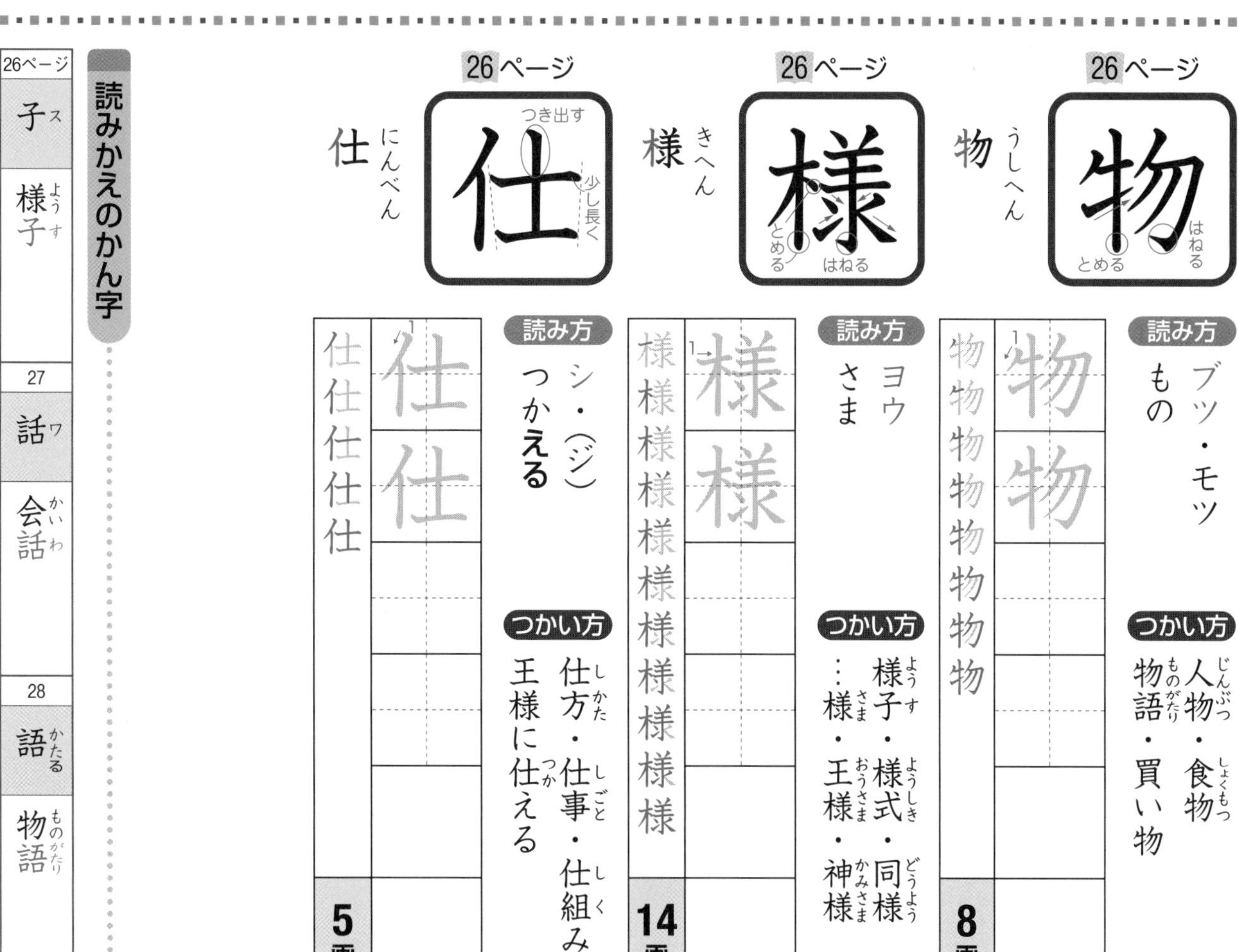

物 26ページ

物　うしへん

（とめる・はねる）

読み方　ブツ・モツ　もの

つかい方　人物（じんぶつ）・食物（しょくもつ）　物語（ものがたり）・買い物

8画

様 26ページ

様　きへん

（とめる・はねる）

読み方　ヨウ　さま

つかい方　様子（ようす）・様式（ようしき）・同様（どうよう）　…様（さま）・王様（おうさま）・神様（かみさま）

14画

仕 26ページ

仕　にんべん

（つき出す・少し長く）

読み方　シ・（ジ）　つかえる

つかい方　仕方（しかた）・仕事（しごと）・仕組（しく）み　王様に仕（つか）える

5画

読みかえのかん字

26ページ	
子（ス）	様子（ようす）
27	
話（ワ）	会話（かいわ）
28	
語（かたる）	物語（ものがたり）

ものしりメモ　「物」には二つの音（おん）読みがあるよ。言葉によって読み分けよう。
「ブツ」（れい）動（どう）物・名物　「モツ」（れい）作物・荷（に）物。

練習のワーク

すいせんのラッパ

教科書 ㊤16～28ページ

答え 1ページ

べん強した日　月　日

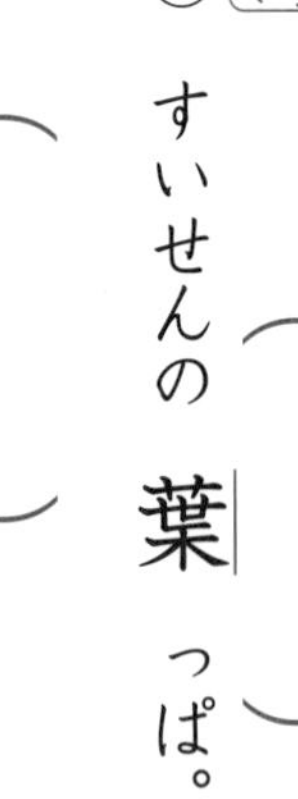

1 新しいかん字を読みましょう。

① 16ページ すいせんの（　）葉っぱ。

② 早く（　）起きる。

③ 風の（　）速さをしらべる。

④（　）一面の光。

⑤（　）向こうの空。

⑥（　）緑色のリボン。

⑦（　）感心して手をたたく。

⑧（　）豆つぶみたいなかえる。

⑨ ある（　）人物を思いうかべる。

⑩（　）様子をそうぞうする。

⑪ 音読の（　）仕方を考える。

⑫（　）会話をする。

⑬（　）物語を読む。

✿⑭ ここからはってん 北の（　）方向へ行く。

✿⑮（　）大豆を食べる。

✿⑯（　）荷物をまとめる。

✿⑰（　）王様に会う。

✿⑱ じょおうに（　）仕える。

2 新しいかん字を書きましょう。〔　〕は、おくりがなも書きましょう。

✿のかん字は新出(しんしゅつ)かん字のべつの読み方です。

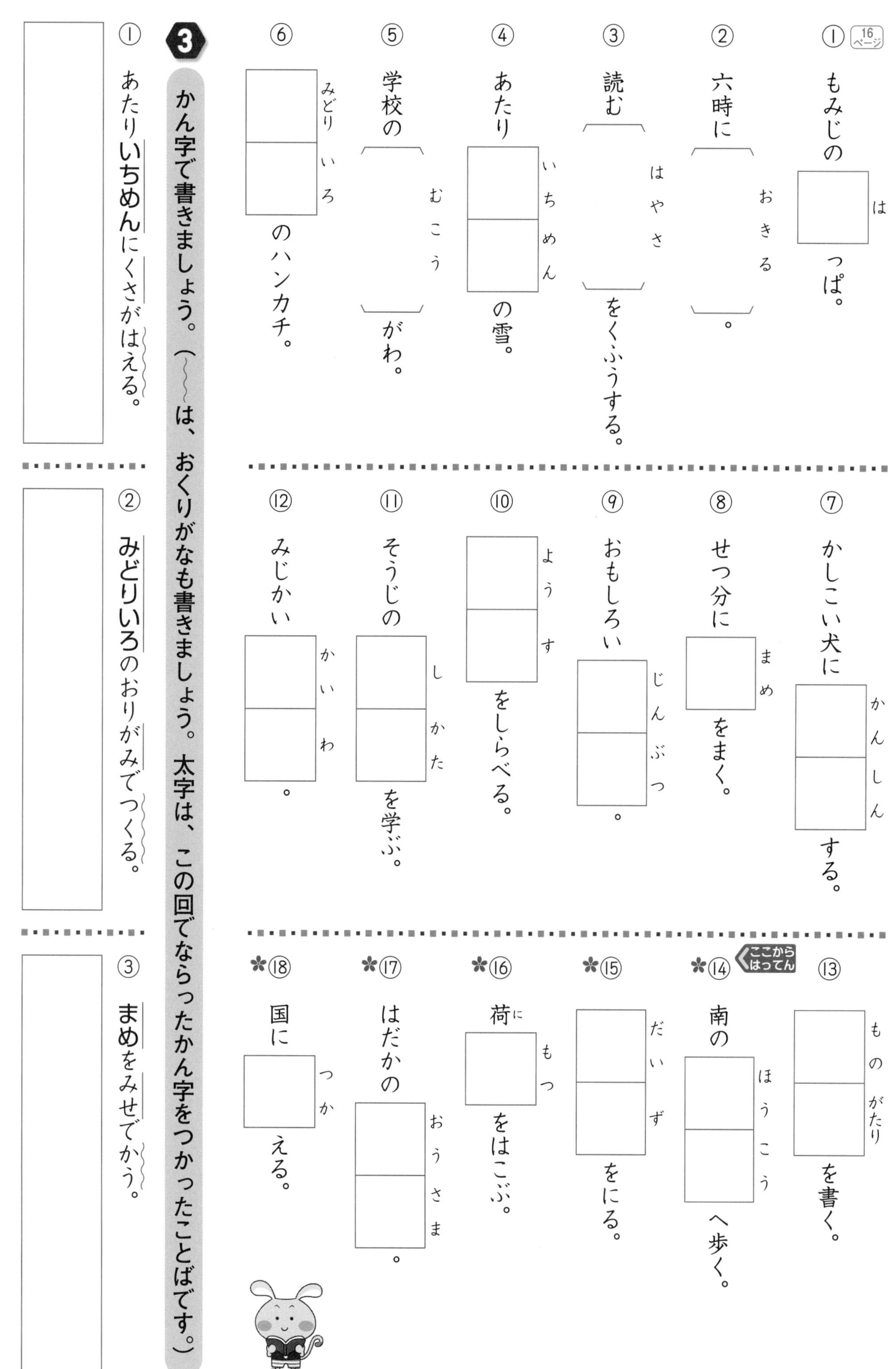

16ページ

① もみじの［は（は）］っぱ。

② 六時に［おきる］。

③ 読む［はやさ］をくふうする。

④ あたり［いちめん］の雪。

⑤ 学校の［むこう］がわ。

⑥ ［みどりいろ］のハンカチ。

⑦ かしこい犬に［かんしん］する。

⑧ せつ分に［まめ］をまく。

⑨ おもしろい［じんぶつ］。

⑩ ［ようす］をしらべる。

⑪ そうじの［しかた］を学ぶ。

⑫ みじかい［かいわ］。

⑬ ［ものがたり］を書く。

ここからはってん

✿⑭ 南の［ほうこう］へ歩く。

✿⑮ ［だいず］をにる。

✿⑯ 荷（に）［もつ］をはこぶ。

✿⑰ はだかの［おうさま］。

✿⑱ 国に［つか］える。

3 かん字で書きましょう。（〰は、おくりがなも書きましょう。太字は、この回でならったかん字をつかったことばです。）

① あたり**いちめん**に**くさ**が〰はえる〰。

② **みどりいろ**のおり**がみ**で〰つくる〰。

③ **まめ**を**みせ**で〰かう〰。

きほんのワーク

かん字をつかおう1／図書館へ行こう
国語じてんの使い方

教科書 上29〜37ページ

べん強した日　月　日

◆「読み方」の赤い字は教科書で使われている読みです。●はまちがえやすい漢字です。

かん字をつかおう1

29ページ
練（いとへん）
14画
読み方：レン、ねる
使い方：練習・訓練、文章を練る

29ページ
習（はね）
11画
読み方：シュウ、ならう
使い方：練習・学習・予習、絵を習う・見習う

かん字の形にちゅうい。
「習」は、「羽」＋「白」からできているよ。「白」を「日」や「目」としないように気をつけよう。

ちゅうい！

29ページ
州（かわ）
6画
読み方：シュウ、（す）
使い方：九州・カナダの州

かん字のでき方。
州　川の中で土やすながつもって島のようになった所を表しているよ。

29ページ
央（だい）
5画
読み方：オウ、—
使い方：中央通り・中央公園

29ページ

横

きへん　横

つき出す　下を長く　とめる　はらう　とめる

読み方

オウ

よこ

使い方

横(おう)だん歩道(ほどう)・横着(おうちゃく)

横顔(よこがお)・たてと横(よこ)

15画

かん字のいみ

横

①よこ・左右・東西の方向。れい 横だん

②よこたわる。れい 横転(てん)

③かって気まま。れい 横行(こう)・横着(ちゃく)

29ページ

倍

にんべん　倍

立てる　下を長く

読み方

バイ

使い方

二倍(にばい)・三倍(さんばい)の人数

10画

かん字のいみ

倍

①同じ数をくわえる。

れい 倍加(か)・倍増(ぞう)

②ある数をかける。

れい 三倍・数倍

30ページ

館

しょくへん　館

とめる　立てる　立てる　はねる

読み方

カン

やかた

使い方

図書館(としょかん)・旅館(りょかん)・体育館(たいいくかん)

むかしの館(やかた)

16画

かん字の形にちゅうい。

「館」の左がわの部(ぶ)分にちゅうい！

○「食」と書くよ。

×「食」と書かないようにしよう。

30ページ

事

はねぼう　事

長く　はねる

読み方

ジ・(ズ)

こと

使い方

百科事(ひゃっかじ)てん・用事(ようじ)

事(こと)がら・仕事(しごと)

8画

かん字の形にちゅうい。

○事　×事

はっきりとつき出すよう、気をつけよう。

ものしりメモ

かん字の足し算をしてみよう。「糸」＋「東」→？　「木」＋「黄」→？

答えは「練」と「横」だよ。分かったかな？自分でももんだいを作ってみよう。

国語じてん（つか）の使い方

32ページ

号　くち

読み方
ゴウ
―

号号号号号

5画

使い方
記号（きごう）・年号（ねんごう）・番号（ばんごう）

「号」のひつじゅん。
「号」は、「号号号号号」と書くよ。
五画目にちゅういして書こうね。

ちゅうい！

36ページ

使
はらう
つき出す

使　にんべん

読み方
シ
つかう

使使使使使使使使

8画

使い方
使者（ししゃ）・使用（しよう）・天使（てんし）
人を使（つか）う・言葉を使（つか）う

かん字の形にちゅうい。
○使　×使
はっきりとつき出すよう、気をつけよう。

ちゅうい！

36ページ

意　こころ

読み方
イ
―

意意意意意意意意意意意意意

13画

使い方
意味（いみ）・意外（いがい）・用意（ようい）

「意」を使った言葉。
意を決（けっ）する…きっぱりと心にきめる。
意のまま……自分の思っているように。
「意」は「心に思っていること」という意味（み）だよ。

おぼえよう！

36ページ

味
下を長く
はらう
とめる

味　くちへん

読み方
ミ
あじ・あじわう

味味味味味味味味

8画

使い方
意味（いみ）・味方（みかた）・風味（ふうみ）
味（あじ）がない・一口味（あじ）わう

かん字の形にちゅうい。
味
「口」＋「未」だよ。
「未」の部分（ぶ）を「末」と書かないように気をつけようね。

ちゅうい！

漢　36ページ

漢　さんずい

（つき出さない・下を長く・はらう）

13画

読み方
カン
―

使い方
漢字（かんじ）・漢文（かんぶん）・漢数字（かんすうじ）

表　36ページ

表　ころも

（長く・はらう）

8画

読み方
ヒョウ
おもて・あらわ**す**
あらわ**れる**

使い方
表紙（ひょうし）・表（おもて）がわ
書き表（あらわ）す・顔に表（あらわ）れる

ちゅうい！
おくりがなにちゅうい。
○　表（あらわ）す
×　表わす
×　表らわす
おくりがなは「す」だよ。

調　36ページ

調　ごんべん

（はらう・はねる）

15画

読み方
チョウ
しら**べる**
（ととの**う**）（ととの**える**）

使い方
調子（ちょうし）・体調（たいちょう）
意味を調（しら）べる

柱　36ページ

柱　きへん

（とめる・一番長く）

9画

読み方
チュウ
はしら

使い方
電柱（でんちゅう）・門柱（もんちゅう）
柱時計（はしらどけい）・貝柱（かいばしら）

所　37ページ

所　と

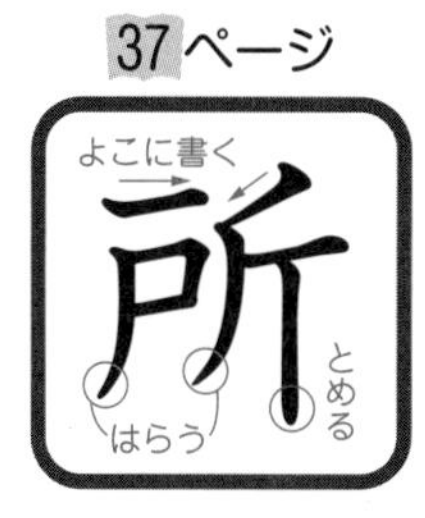

8画

読み方
ショ
ところ

使い方
場所（ばしょ）・住所（じゅうしょ）・役所（やくしょ）
台所（だいどころ）・ひくい所（ところ）

ちゅうい！
「所」のひつじゅん。
「所」の右がわの部分（ぶ）は、
「⺁⺁斤斤」のじゅんに四画で書くよ。
三画で書かないようにしよう。

読みかえの漢字

ページ	漢字	使い方
29	早（ソウ）	早朝（そうちょう）
29	歩（ホ）	横（おう）だん歩道（ほどう）
29	道（ドウ）	横（おう）だん歩道（ほどう）
29	合（ゴウ）	合計（ごうけい）
31	目（モク）	目次（もくじ）
31	引（イン）	さく引（いん）
32	内（ナイ）	内（ない）よう

ものしりメモ
場所を表すときは漢字で「所」、場所を表さないときはひらがなで「ところ」と書くことが多いよ。
（れい）高い所に立つ。ちょうど家に着いたところだ。

練習のワーク

かん字をつかおう1／図書館へ行こう
国語じてんの使い方

教科書 上29～37ページ
答え 1ページ

べん強した日　月　日

1 新しい漢字を読みましょう。

29ページ
① 早朝（　）の空気。
② がんばって練習（　）する。
③ 九州（　）の名物。
④ 中央（　）通りを歩く。
⑤ 自てん車で横（　）だんする。
⑥ 歩道（　）をゆっくり歩く。
⑦ 数字を合計（　）する。

⑧ 二倍（　）のねだんになる。
30ページ
⑨ 図書館（　）へ行く。
⑩ 百科事（　）てんをつかう。
⑪ 目次（じ）（　）を活用する。
⑫ さく引（　）でさがす。
⑬ 手紙の内（　）よう。
⑭ 本のせいきゅう記号（　）。

36ページ
⑮ 国語じてんを使（　）う。
⑯ 言葉の意味（　）。
⑰ 漢字（　）の書き方。
⑱ 気持（も）ちを書き表（　）す。
⑲ 言葉の使い方を調（　）べる。
⑳ じてんの柱（　）を見る。
㉑ しずかな場所（　）ですごす。

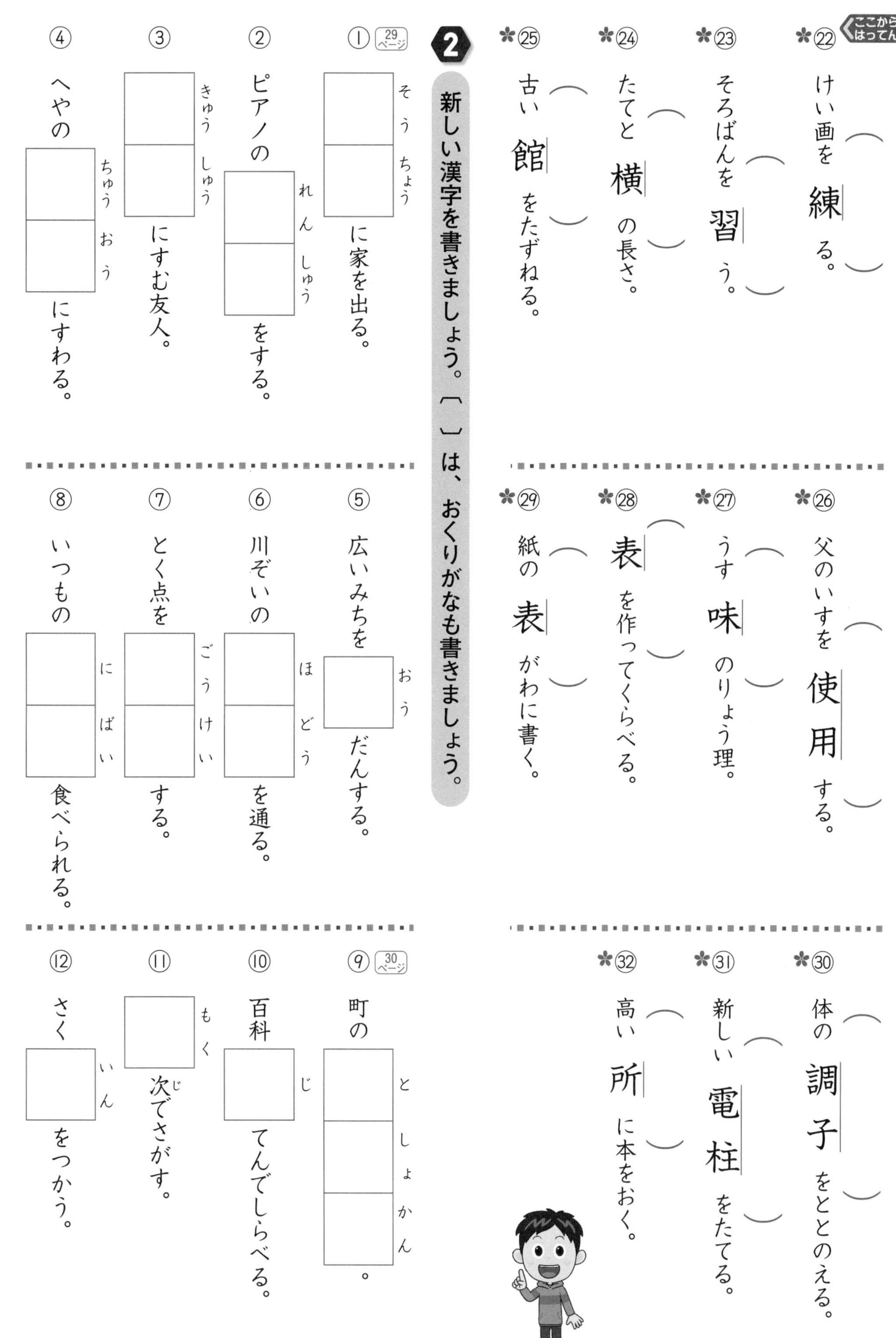

ここから はってん

✿㉒ けい画を練（　　）る。

✿㉓ そろばんを習（　　）う。

✿㉔ たてと横（　　）の長さ。

✿㉕ 古い館（　　）をたずねる。

✿㉖ 父のいすを使用（　　）する。

✿㉗ うす味（　　）のりょう理。

✿㉘ 表（　　）を作ってくらべる。

✿㉙ 紙の表（　　）がわに書く。

✿㉚ 体の調子（　　）をととのえる。

✿㉛ 新しい電柱（　　）をたてる。

✿㉜ 高い所（　　）に本をおく。

2 新しい漢字を書きましょう。（　）は、おくりがなも書きましょう。

① 29ページ □□（そうちょう）に家を出る。

② ピアノの□□（れんしゅう）をする。

③ □□（きゅうしゅう）にすむ友人。

④ へやの□□（ちゅうおう）にすわる。

⑤ 広いみちを□（おう）だんする。

⑥ 川ぞいの□□（ほどう）を通る。

⑦ とく点を□□（ごうけい）する。

⑧ いつもの□□（にばい）食べられる。

⑨ 30ページ 町の□□□（としょかん）。

⑩ 百科□（じ）てんでしらべる。

⑪ □（もく）次（じ）でさがす。

⑫ さく□（いん）をつかう。

✿の漢字は新出（しんしゅつ）漢字のべつの読み方です。

⑬ 話の□(ない)ようを理かいする。

⑭ 本の分類(るい)□□(きごう)。

⑮ 36ページ えんぴつを〔　　(つかう)　　〕。

⑯ 言葉の□□(いみ)をしる。

⑰ □□(かんじ)を読む。

⑱ 手紙にかき〔　　(あらわす)　　〕。

⑲ きちんと〔　　(しらべる)　　〕。

⑳ じしょの□(はしら)を読む。

㉑ あそぶ□□(ばしょ)。

ここからはってん

✿㉒ 考えを□(ね)る。

✿㉓ 体そうを□(なら)う。

✿㉔ □(よこ)の長さをはかる。

✿㉕ 白いかべの□(やかた)。

✿㉖ フォークを□□(しよう)する。

✿㉗ 肉に□(あじ)をつける。

✿㉘ □(ひょう)からグラフを作る。

✿㉙ 紙の□(おもて)とうら。

✿㉚ 体の□□(ちょうし)がよくなる。

✿㉛ □□(でんちゅう)の工事。

✿㉜ ひくい□(ところ)に水がたまる。

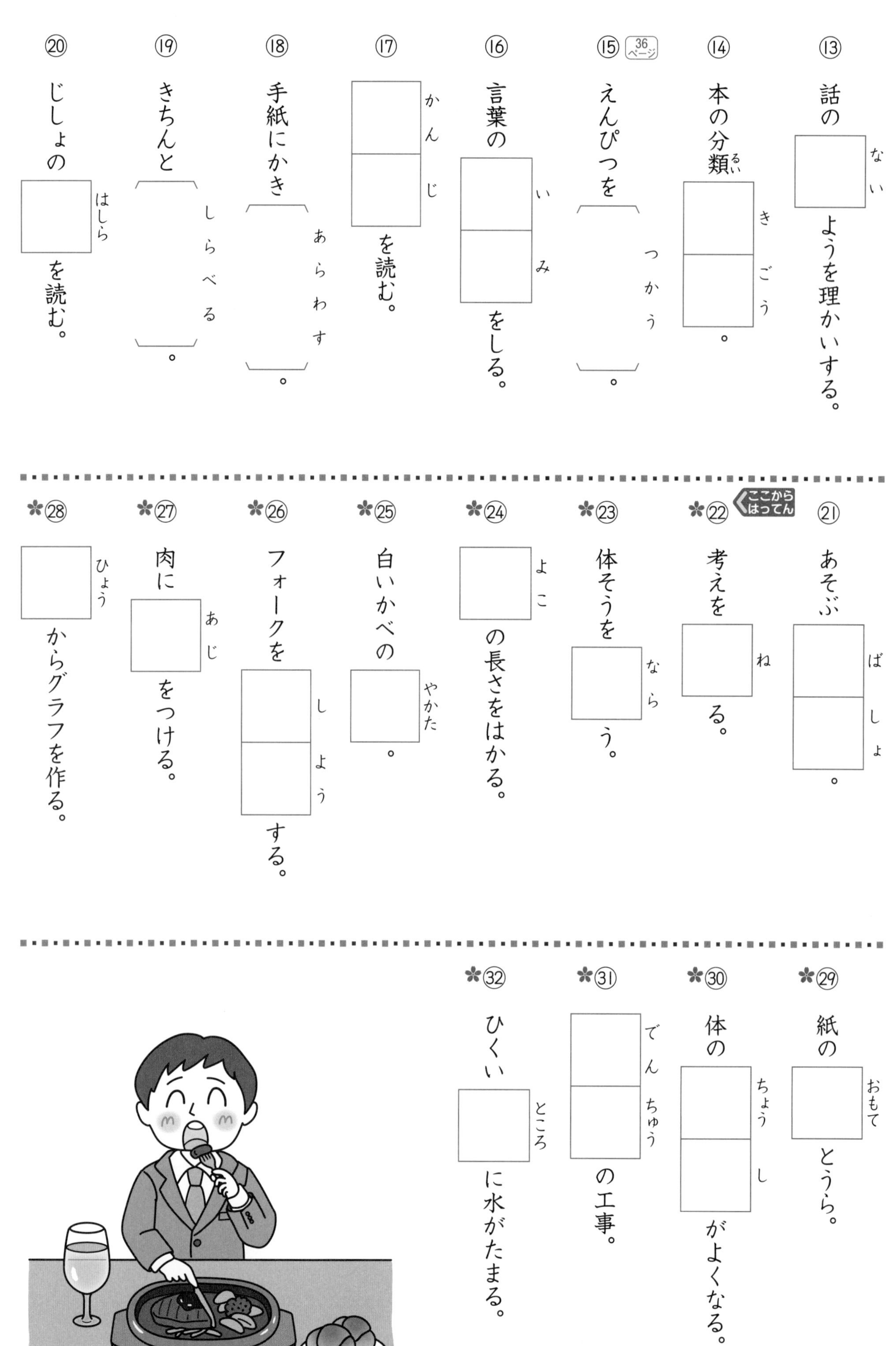

3 かんじでかきましょう。（〰〰は、おくりがなもかきましょう。太字は、この回でならったかんじをつかった言葉です。）

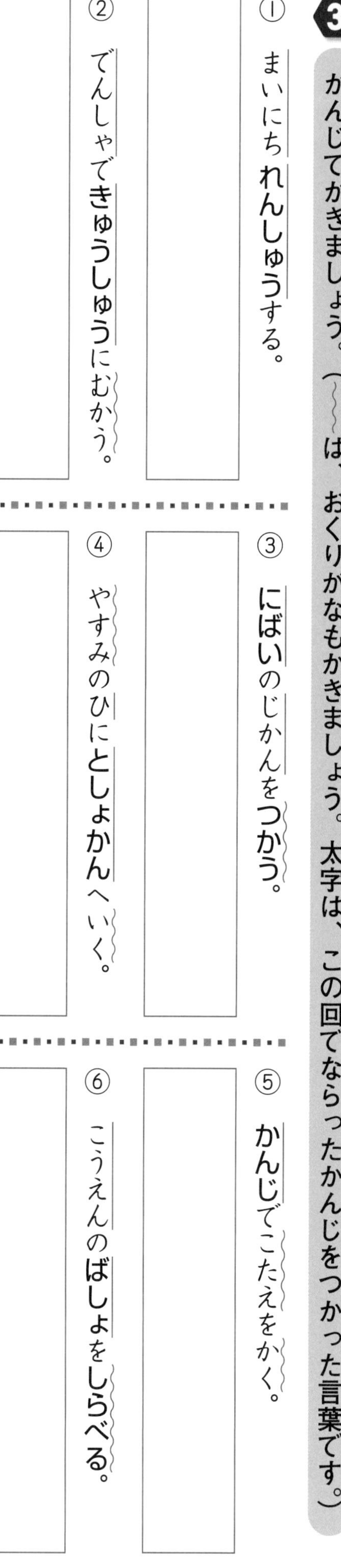
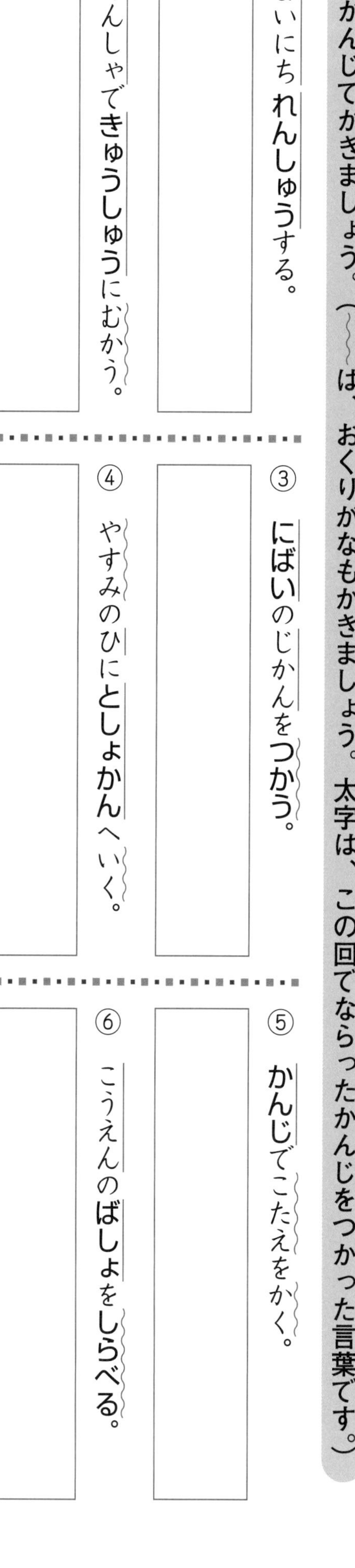
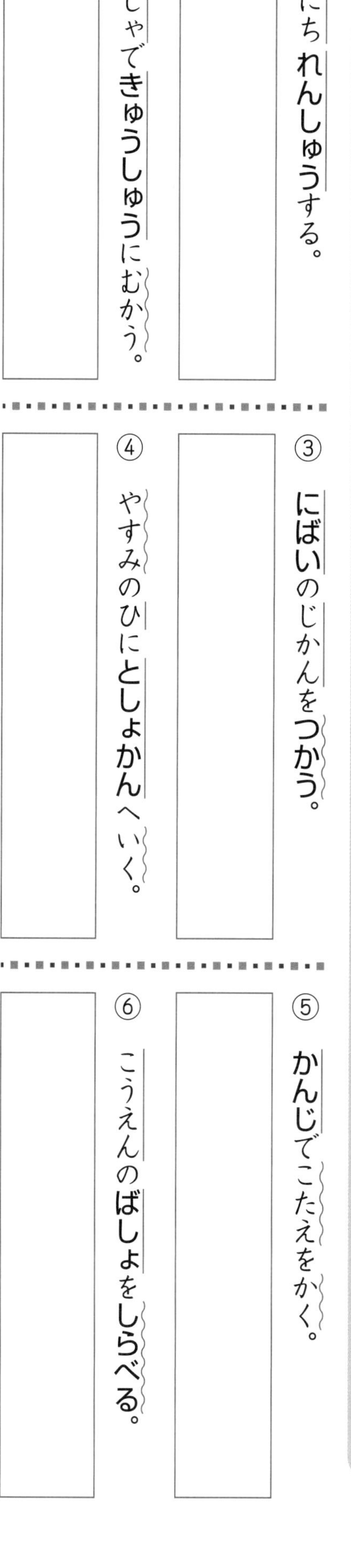

① まいにち**れんしゅう**する。

② でんしゃで**きゅうしゅう**にむかう。

③ **にばい**のじかんを**つかう**。

④ やすみのひに**としょかん**へいく。

⑤ **かんじ**でこたえをかく。

⑥ こうえんの**ばしょ**を**しらべる**。

4 かんじをつかおう

に年生でならったかんじをかきましょう。〔　〕は、おくりがなもかきましょう。

① 三年［にくみ］のじゅぎょう。

② ［きょうしつ］の［こく］ばん。

③ ［とも］だちとあそぶ。

④ ［はる］の空。

⑤ ［こうもん］から入る。

⑥ ［そと］に出る。

⑦ ［げんき］に走る。

⑧ 〔おなじ〕ポーズをとる。

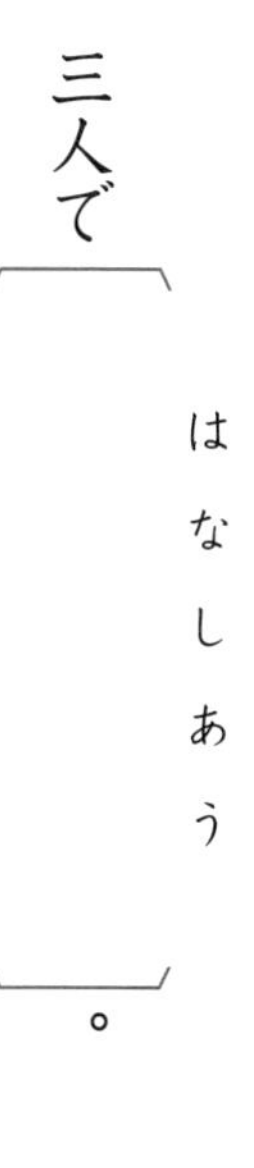
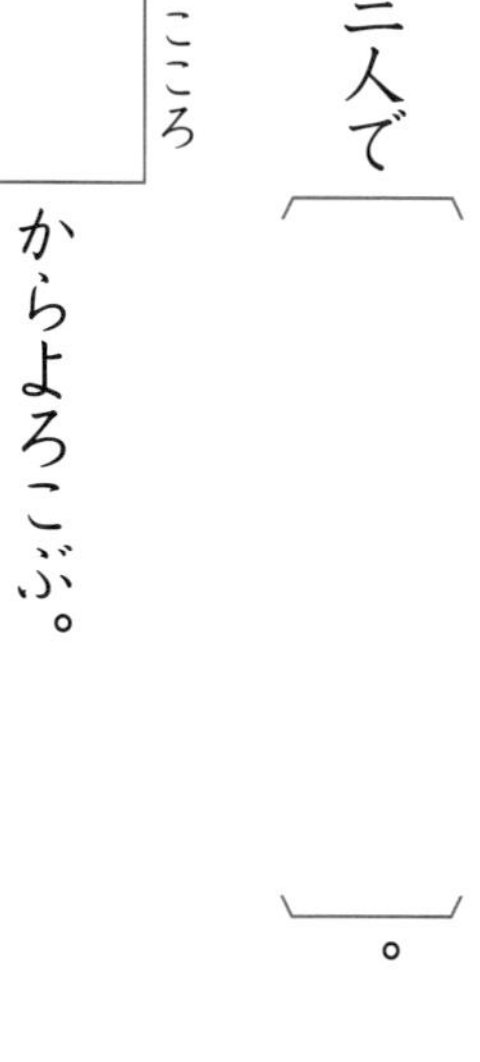

⑨ 三人で〔はなしあう〕。

⑩ ［こころ］からよろこぶ。

⑪ 名前を〔しる〕。

⑫ テストの［てんすう］。

きほんのワーク

メモを取りながら話を聞こう／自然のかくし絵
漢字を使おう2

教科書 ㊤38〜53ページ

べん強した日　月　日

◆「読み方」の赤い字は教科書で使われている読みです。はまちがえやすい漢字です。

メモを取りながら話を聞こう

38ページ
取（また）
あける　はらう　つき出さない
読み方：シュ　とる
使い方：取材（しゅざい）・先取点（せんしゅてん）　年を取（と）る・取（と）り消（け）す
8画

39ページ
局（しかばね・かばね）
はらう　はねる
読み方：キョク　―
使い方：ゆうびん局（きょく）・放送局（ほうそうきょく）
7画

39ページ
配（とりへん）
あける　はねる　わすれない
読み方：ハイ　くばる
使い方：配達（はいたつ）・心配（しんぱい）・手配（てはい）　紙を配（くば）る
10画

39ページ
住（にんべん）
一番長く
読み方：ジュウ　すむ・すまう
使い方：住所（じゅうしょ）・住人（じゅうにん）　村に住（す）む
7画

漢字のでき方。
住　亻…「人」を表す。主…「火がついたろうそく」を表す。
「人が生活する様子」から、「すむ」という意味を表すよ。

でき方

自然のかくし絵

44ページ
身（み）
つき出す　長くはらう　はねる
読み方：シン　み
使い方：身体（しんたい）・身長（しんちょう）　身（み）の回り
7画

47ページ

育　にく

立てる　長く　とめる　とめる　はねる

読み方

イク
そだつ・そだてる
はぐくむ

使い方

体育（たいいく）・元気に育つ（そだ）
ゆたかな心を育む（はぐく）

育育育育育育育育

8画

ちゅうい！

おくりがなにちゅうい。
「育」にはいろいろな読み方があるよ。それぞれおくりがなに気をつけて、「育つ」を「育だつ」、「育む」を「育くむ」などとしないようにしよう。

47ページ

守　うかんむり

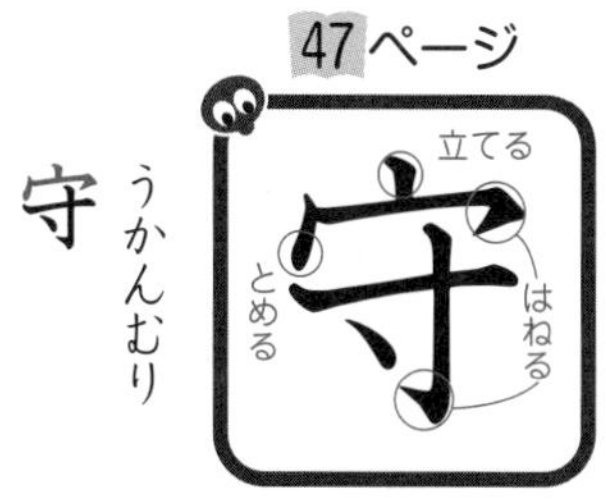

読み方

シュ・ス
まもる・（もり）

使い方

守備（しゅび）・留守（るす）
身を守る（まも）

守守守守守守

6画

でき方

漢字のでき方。
「宀」（やね・家）＋「寸」（右手）。
「手で家を守る」という意味を表すよ。

48ページ

決　さんずい

つき出す　はらう

読み方

ケツ
きめる・きまる

使い方

決（けっ）して…ない・決心（けっしん）
自（みずか）ら決（き）める・委員（いいん）が決（き）まる

決決決決決決決

7画

ちゅうい！

おくりがなにちゅうい。
○　決（き）める
○　決（き）まる
×　決る
おくりがなは「める」「まる」だよ。

48ページ

動　ちから

はねる

読み方

ドウ
うごく・うごかす

使い方

活動（かつどう）・動作（どうさ）・運動（うんどう）
体が動（うご）く・足を動（うご）かす

動動動動動動動動動動動

11画

おぼえよう！

「動」のおぼえ方。
「動」は、「重」＋「力」だよ。
「重（おも）いものを力で動かす」とおぼえよう。

ものしりメモ

「配」にはつぎの意味があるよ。　①くばる・わりあてる　②ならべる・組み合わせる
①配達（たつ）　②配色

持（49ページ）

持　てへん

下を長く　わすれない　はねる

読み方

ジ

もつ

使い方

持病（じびょう）・所持品（しょじひん）

本を手に持（も）つ

9画

問（50ページ）

問　くち

とめる　はねる

読み方

モン

とう・とい

とん

使い方

問題（もんだい）・学問（がくもん）

問（と）いに答える・問屋（とんや）

11画

題（50ページ）

題　おおがい

とめる　長くはらう

読み方

ダイ

―

使い方

話題（わだい）・題名（だいめい）・問題（もんだい）

18画

部（51ページ）

部　おおざと

立てる　下を長く　はねる

読み方

ブ

―

使い方

部分（ぶぶん）・部員（ぶいん）・野球部（やきゅうぶ）

11画

筆（51ページ）

筆　たけかんむり

読み方

ヒツ

ふで

使い方

筆者（ひっしゃ）・毛筆（もうひつ）

筆箱（ふでばこ）・絵筆（えふで）

12画

者（51ページ）

者　おいかんむり

読み方

シャ

もの

使い方

筆者（ひっしゃ）・記者（きしゃ）・作者（さくしゃ）

人気者（にんきもの）・あわて者（もの）

8画

漢字を使おう2

同じ読み方の漢字。

「もの」と読む漢字は、「者」のほかにも「物」があるよ。ちがいをおぼえておこう。

「者」…人にたいして使う。　れい　人気者

「物」…ものにたいして使う。　れい　売り物

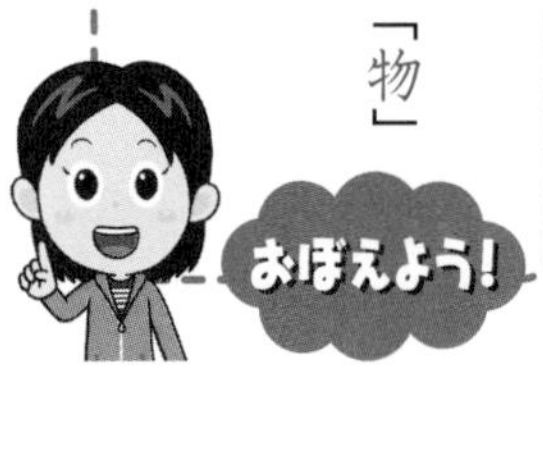

おぼえよう！

都（53ページ）

都　おおざと

読み方

ト・ツ

みやこ

使い方

都会（とかい）・東京都（とうきょうと）・都合（つごう）

音楽の都（みやこ）

11画

氷

53ページ

氷　みず

氷（あける・はねる）

読み方
ヒョウ
こおり・（ひ）

使い方
氷山（ひょうざん）・流氷（りゅうひょう）
氷水（こおりみず）・かき氷（ごおり）

5画

泳

53ページ

泳　さんずい

泳（あける・はねる）

読み方
エイ
およぐ

使い方
水泳（すいえい）・遊泳（ゆうえい）
プールで泳（およ）ぐ

8画

有

53ページ

有　つき

有（長く・つける・とめる・はねる）

読み方
ユウ・（ウ）
ある

使い方
有名（ゆうめい）・有力（ゆうりょく）・所有（しょゆう）
有（あ）り金・本が有（あ）る

6画

返

53ページ

返　しんにょう　しんにゅう

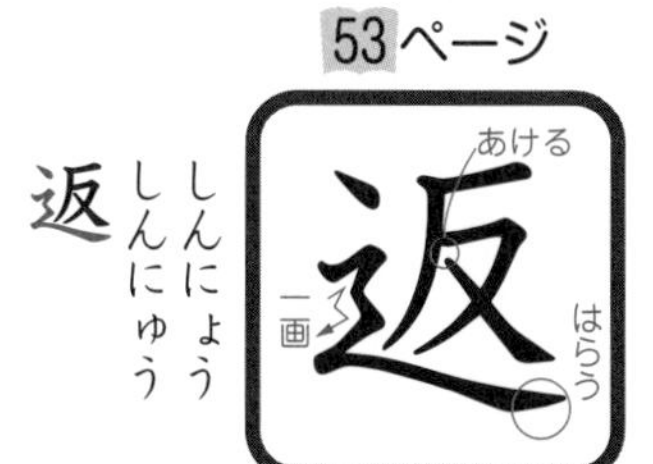

読み方
ヘン
かえす・かえる

使い方
返事（へんじ）・本を返（かえ）す
おとし物が返（かえ）る

7画

遊

53ページ

遊　しんにょう　しんにゅう

遊（立てる・一画・はねる）

読み方
ユウ・（ユ）
あそぶ

使い方
遊具（ゆうぐ）・遊泳（ゆうえい）・遊園地（ゆうえんち）
友だちと遊（あそ）ぶ

12画

開

53ページ

開　もんがまえ

開（下を長く・はねる・とめる・はらう・とめる）

読み方
カイ
ひらく・ひらける
あく・あける

使い方
開会（かいかい）・会を開（ひら）く
ドアを開（あ）ける

12画

ちゅうい！

「開」の読み方。
「開」には、おくりがなが同じで読み方がちがうものがあるよ。前後の言葉に気をつけて読み分けよう。

れい まどを開（ひら）く。　かぎが開（あ）く。

読みかえの漢字

44ページ	49
自（シ）	作（サ）
自然（しぜん）	動作（どうさ）

53	53
山（サン）	形（かた）
氷山（ひょうざん）	自（じ）ゆう形（がた）

ものしりメモ
「返る」と「帰る」の使い分けに気をつけよう。
（れい）「返る」…おとし物が返る。正気に返る。　「帰る」…家に帰る。ふるさとに帰る。

読んで考えたことをつたえ合おう

練習のワーク

メモを取りながら話を聞こう／自然（ぜん）のかくし絵　漢字を使おう2

教科書　上38～53ページ　答え　2ページ

べん強した日　月　日

1 新しい漢字を読みましょう。

① 38ページ　メモを（　）取る。
② ゆうびん（　）局ではたらく。
③ ゆうびん（　）配達（たつ）のしごと。
④ （　）住所をたしかめる。
⑤ 42ページ　（　）自然（ぜん）のめぐみ。
⑥ てきから（　）身をかくす。
⑦ じょうぶに（　）育つ。

⑧ きけんから身を（　）守る。
⑨ 出場（しゅつじょう）が（　）決まる。
⑩ 同じ時間に（　）活動する。
⑪ ちょっとした（　）動作。
⑫ するどい目を（　）持つ。
⑬ （　）問いを見つける。
⑭ （　）話題をしめす。

⑮ 答えの（　）部分をさがす。
⑯ （　）筆者の考えを聞く。
⑰ 53ページ　水の（　）都とよばれる町。
⑱ つめたい（　）氷にふれる。
⑲ 大きな（　）氷山。
⑳ 自ゆう（　）形で大会に出る。
㉑ プールで（　）泳ぐ。

㉒ 有名な話。（　　）

㉓ 水泳選（せん）手になる。（　　）

㉔ 元気に返事をする。（　　）

㉕ かりた本を返す。（　　）

㉖ いっしょに遊ぶ。（　　）

㉗ 公園の遊ぐ。（　　）

㉘ 絵本を開く。（　　）

㉙ 開会のあいさつ。（　　）

ここからはってん

✿㉚ 先取点をとる。（　　）

✿㉛ 紙を配る。（　　）

✿㉜ 町に住む。（　　）

✿㉝ 身長をはかる。（　　）

✿㉞ 体育のじゅぎょう。（　　）

✿㉟ ひなを育む。（　　）

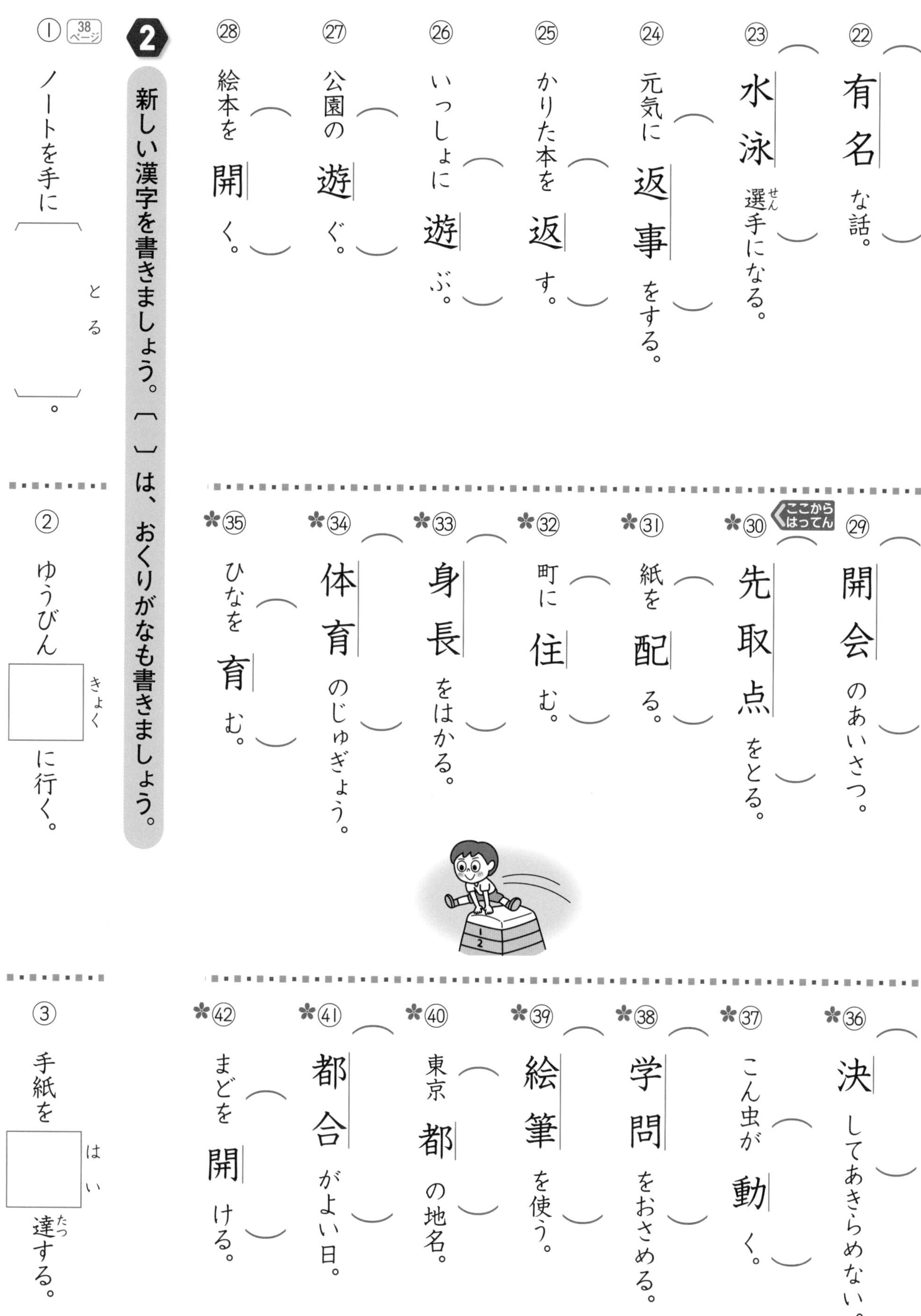

✿㊱ 決してあきらめない。（　　）

✿㊲ こん虫が動く。（　　）

✿㊳ 学問をおさめる。（　　）

✿㊴ 絵筆を使う。（　　）

✿㊵ 東京都の地名。（　　）

✿㊶ 都合がよい日。（　　）

✿㊷ まどを開ける。（　　）

2 新しい漢字を書きましょう。（　）は、おくりがなも書きましょう。

① 38ページ ノートを手に（　とる　）。

② ゆうびん［　きょく　］に行く。

③ 手紙を［　はい　］達（たつ）する。

✿の漢字は新出（しんしゅつ）漢字のべつの読み方です。

④ はがきに［じゅうしょ］を書く。

⑤ 42ページ ゆたかな［し］然（ぜん）を楽しむ。

⑥ ちしきを［み］につける。

⑦ 子ねこが［そだつ］。

⑧ きまりを［まもる］。

⑨ ルールが［きまる］。

⑩ ボランティア［かつどう］。

⑪ すばやい［どうさ］。

⑫ きれいな羽を［もつ］。

⑬ ［とい］に答える。

⑭ ［わだい］がつきない。

⑮ とがった［ぶぶん］をけずる。

⑯ ［ひっしゃ］が語る。

⑰ 53ページ 京の［みやこ］。

⑱ ジュースに［こおり］を入れる。

⑲ 海にうかぶ［ひょうざん］。

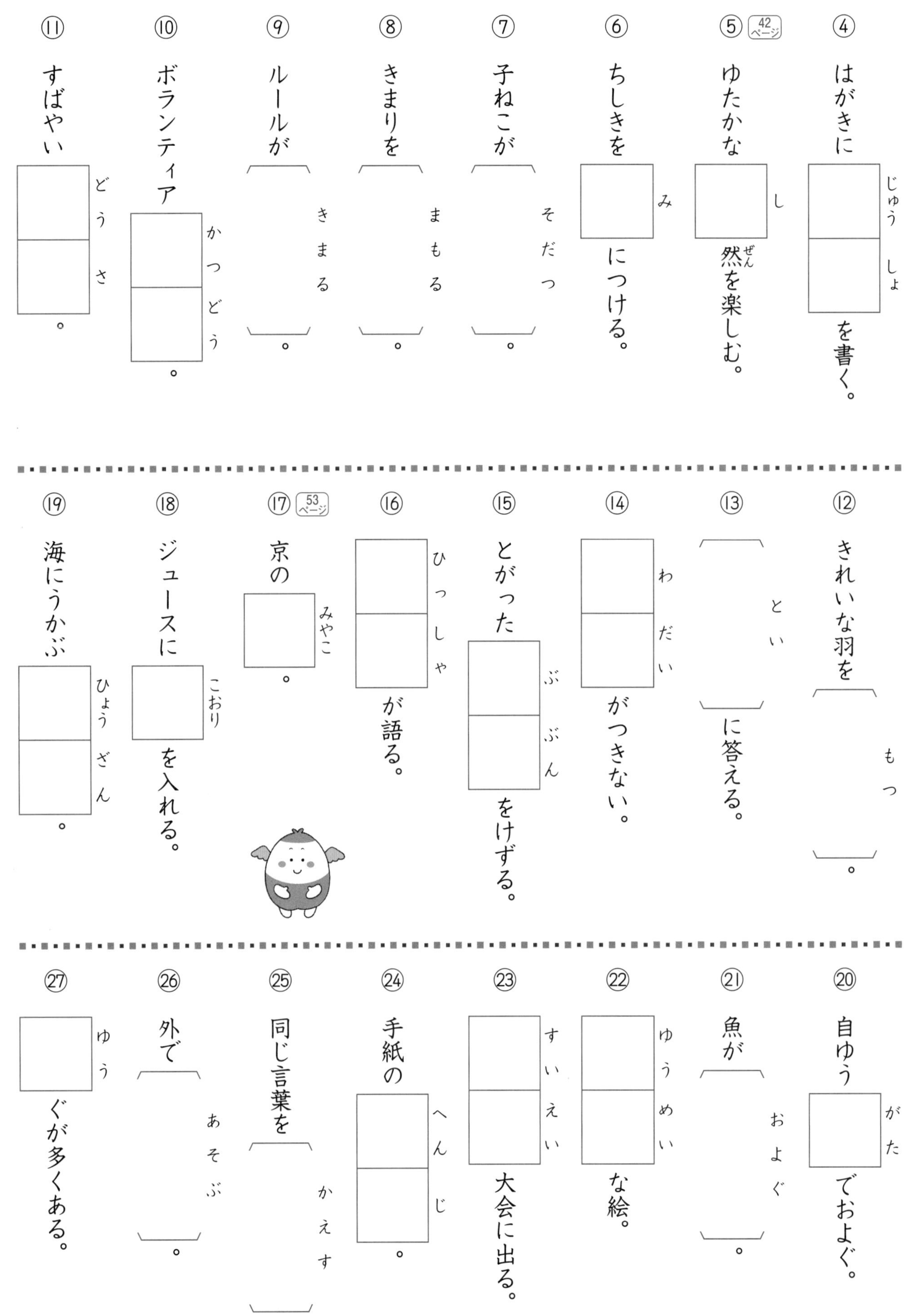

⑳ 自ゆう［がた］でおよぐ。

㉑ 魚が［およぐ］。

㉒ ［ゆうめい］な絵。

㉓ ［すいえい］大会に出る。

㉔ 手紙の［へんじ］。

㉕ 同じ言葉を［かえす］。

㉖ 外で［あそぶ］。

㉗ ［ゆう］ぐが多くある。

㉘ ノートを〔ひらく〕。

㉙ □□（かいかい）の言葉をのべる。

ここからはってん

✿㉚ □□□（せんしゅてん）をねらう。

✿㉛ 気を□（くば）る。

✿㉜ 村に□（す）む。

✿㉝ □□（しんちょう）がのびる。

✿㉞ 友じょうを□（はぐく）む。

✿㉟ 心ぞうが□（うご）く。

✿㊱ 父の□□（つごう）を聞く。

3 漢字を使おう

二年生で習った漢字を書きましょう。〔　〕は、おくりがなも書きましょう。

① 〔ふるい〕お□（てら）。

② 〔あたらしい〕家。

③ □（ひがし）から□（にし）へ歩く。

④ □（みなみ）から□（きた）へ走る。

⑤ えきまでの□（みち）。

⑥ □□（こうえん）のすべり台。

⑦ □（うま）の鳴き声。

⑧ 白鳥（はくちょう）の〔ながい〕□（くび）。

⑨ □（いけ）のみず。

⑩ 町の□□（こうばん）。

⑪ □□（でんしゃ）にのる。

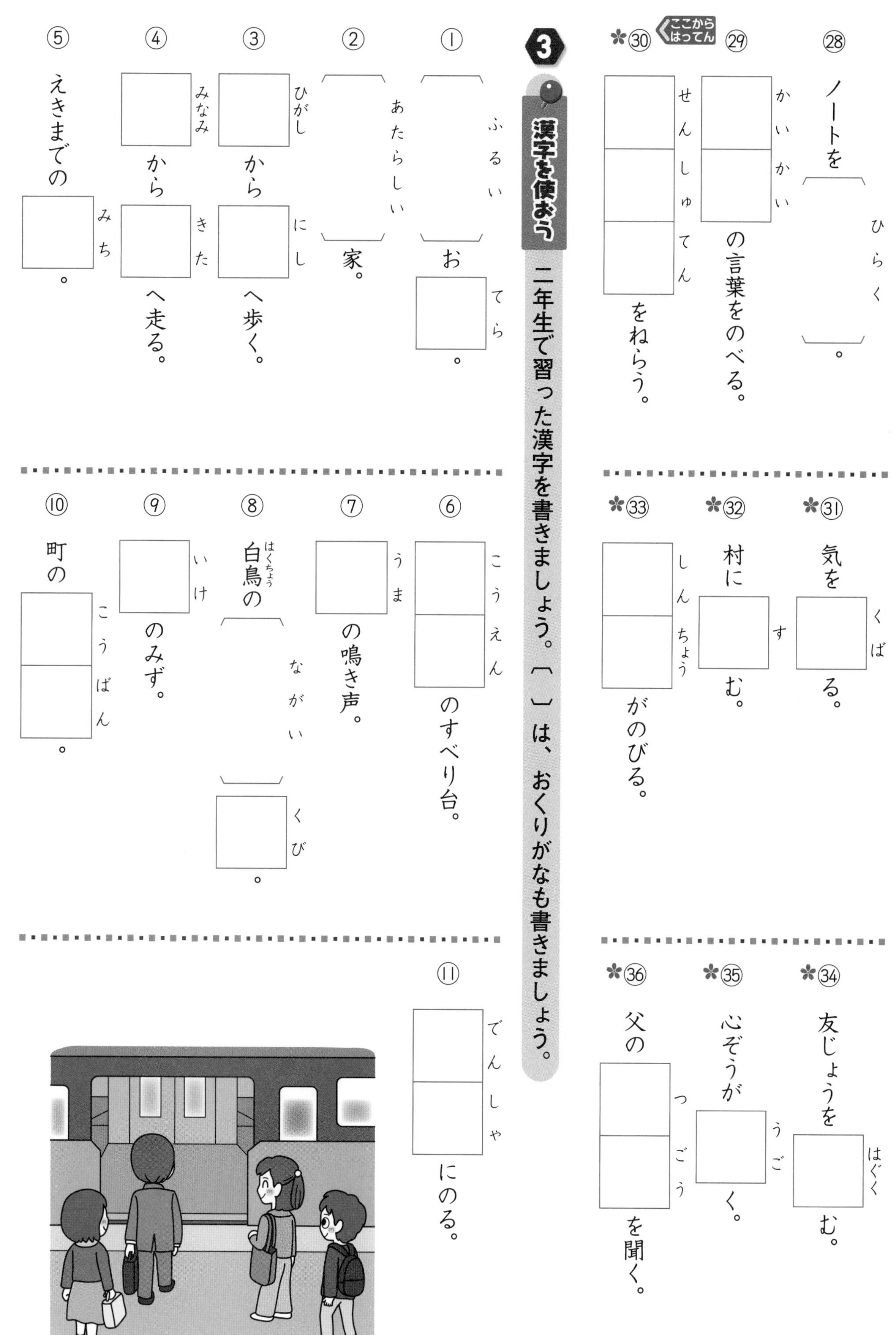

きほんのワーク

全体と中心／「わたし」の説明文を書こう

漢字の表す意味

教科書 上54～63ページ

べん強した日　月　日

◆「読み方」の赤い字は教科書で使われている読みです。はまちがえやすい漢字です。

全体と中心

54ページ

全（ひと）

読み方：ゼン／まったく・すべて

使い方：全体（ぜんたい）・全員（ぜんいん）・全部（ぜんぶ）／全く（まった）ない・全て（すべ）の国

6画

おくりがなにちゅうい。
「まったく」のときは「全く」、「すべて」のときは「全て」だよ。おくりがながちがうと、読み方も意味もかわるので、気をつけようね。

ちゅうい！

「わたし」の説明文を書こう

57ページ

始（おんなへん）

読み方：シ／はじめる・はじまる

使い方：始発（しはつ）・開始（かいし）／始め（はじ）の文・会が始（はじ）まる

8画

57ページ

係（にんべん）

読み方：ケイ／かかる・かかり

使い方：関係（かんけい）／言葉に係（かか）る・配り係（がかり）

9画

漢字の形にちゅうい。
「係」の右がわの部分は「系」ではなく、「糸」だよ。「系」の上の部分は「ノ」ではなく、「一」とはらおう。

ちゅうい！

57ページ

世（いち）

読み方：セイ・セ／よ

使い方：二十一世紀（せいき）・世話（せわ）／世（よ）の中

5画

57ページ

終

終　いとへん

はらう・とめる・はらう

読み方

シュウ

おわる・おえる

使い方

終点(しゅうてん)・終電車(しゅうでんしゃ)

終(お)わり方・会を終(お)える

11画

58ページ

苦

苦　くさかんむり

長く・つける

読み方

ク

くるしい・くるしむ・くるしめる

にがい・にがる

使い方

苦心(くしん)・息(いき)が苦(くる)しい

けがに苦(くる)しむ・苦手(にがて)

8画

おくりがなにちゅうい。

「くるしい」のときは「苦しい」、「にがい」のときは「苦い」だよ。おくりがながちがうと、読みも意味もかわるので、気をつけようね。

ちゅうい！

58ページ

族

族　かたへん

立てる・つき出さない・はねる・はらう

読み方

ゾク

―

使い方

家族(かぞく)・親族(しんぞく)・水族館(すいぞくかん)

11画

59ページ

章

章　たつ

立てる・下を長く

読み方

ショウ

―

使い方

文章(ぶんしょう)・校章(こうしょう)・第二章(だいにしょう)

11画

「章」のおぼえ方。

「章」は、「立」＋「日」＋「十」だよ。

「音」や「早」と形がにているので、まちがえないでね。

おぼえよう！

漢字の表す意味

62ページ

曲

曲　ひらび

つき出す

読み方

キョク

まがる・まげる

使い方

作曲(さっきょく)・曲線(きょくせん)・曲名(きょくめい)

右に曲(ま)がる・木を曲(ま)げる

6画

62ページ

板

板　きへん

あける・とめる・はらう

読み方

ハン・バン

いた

使い方

鉄板(てっぱん)・黒板(こくばん)・板書(ばんしょ)

板(いた)の間(ま)・板(いた)をわたす

8画

ものしりメモ

はんたいの意味の言葉が分かるかな？　①始め←→？　②苦しい←→？　③苦い←→？　④曲線←→？　答えは、①終わり　②楽しい　③あまい　④直線　だよ。

62ページ

品 くち

品

少し大きく

読み方

ヒン
しな

使い方

音楽作品（おんがくさくひん）・食品（しょくひん）
品物（しなもの）・手品（てじな）・品切（しなぎ）れ

9画

63ページ

皿 さら

皿

つき出す

読み方

―
さら

使い方

皿（さら）と茶わん・大皿（おおざら）

5画

63ページ

委 おんな

委

とめる　はらう　少し出す　長く　とめる

読み方

イ
ゆだねる

使い方

委員長（いいんちょう）・図書委員（としょいいん）
身を委（ゆだ）ねる

8画

漢字の意味

漢字の意味。
「委」には「ゆだ（ねる）」という読み方があるよ。
「全てまかせる」という意味を表すんだ。
れい 旅行（りょこう）の手配を父に委ねる。

63ページ

員 くち

員

はらう　とめる

読み方

イン
―

使い方

委員長（いいんちょう）・会員（かいいん）・店員（てんいん）

10画

63ページ

発 はつがしら

発

はらう　下を長く　はらう　はねる

読み方

ハツ・（ホツ）
―

使い方

発表（はっぴょう）・発見（はっけん）・出発（しゅっぱつ）

9画

63ページ

島 やま

島

わすれない　はねる

読み方

トウ
しま

使い方

半島（はんとう）・本島（ほんとう）・列島（れっとう）
南の島（しま）・島国（しまぐに）

10画

読みかえの漢字

54ページ	54
高（コウ）	明（あきらか）
最高（さいこう）	明（あき）らか
57	**58**
力（リョク）	考（コウ）
全力（ぜんりょく）	参考（さんこう）
62	**63**
歌（カ）	白（ハク）
校歌（こうか）	空白（くうはく）

ものしりメモ

「員」にはつぎの意味があるよ。　①人の数　②うけ持つ人・係の人
（れい）①動員・満員　②委員・教員・店員

練習のワーク

全体と中心／「わたし」の説明文を書こう
漢字の表す意味

教科書 上54〜63ページ
答え 2ページ

べん強した日　月　日

1 新しい漢字を読みましょう。

① 54ページ 文章の 全体（　）を見る。
② 最高（　）においしいおべんとう。
③ 話の中心を 明（　）らかにする。
④ 56ページ 全力（　）で取り組む。
⑤ 文の 始（　）め。
⑥ 配り 係（　）になる。
⑦ 金魚の 世話（　）をする。

⑧ 終（　）わりまで読む。
⑨ 本を 参考（　）にする。
⑩ 苦手（　）なこと。
⑪ 家族（　）をしょうかいする。
⑫ 文章（　）の組み立てを考える。
⑬ 62ページ 校歌（　）を作る。
⑭ 作曲（　）の仕事。

⑮ 黒板（　）に字を書く。
⑯ 音楽 作品（　）。
⑰ 空の 皿（　）にサラダをもりつける。
⑱ 空白（　）をうめる。
⑲ 委員長（　）になる。
⑳ けっかを 発表（　）する。
㉑ 島（　）のみやげをもらう。

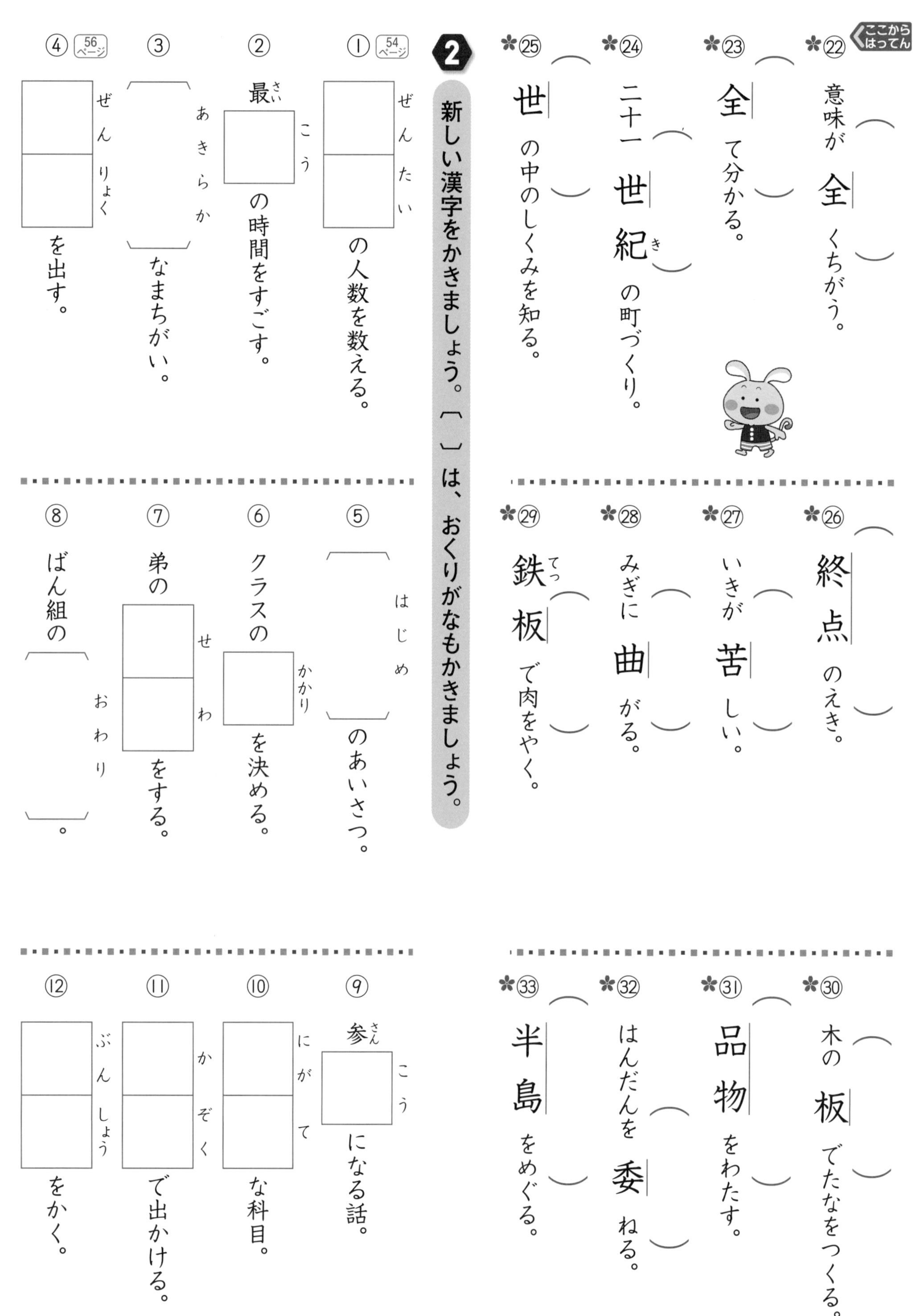

ここからはってん

✿㉒ 意味が全（　　）くちがう。

✿㉓ 全（　　）て分かる。

✿㉔ 二十一世紀（き）（　　）の町づくり。

✿㉕ 世（　　）の中のしくみを知る。

✿㉖ 終点（　　）のえき。

✿㉗ いきが苦（　　）しい。

✿㉘ みぎに曲（　　）がる。

✿㉙ 鉄（てっ）板（　　）で肉をやく。

✿㉚ 木の板（　　）でたなをつくる。

✿㉛ 品物（　　）をわたす。

✿㉜ はんだんを委（　　）ねる。

✿㉝ 半島（　　）をめぐる。

2 新しい漢字をかきましょう。〔　〕は、おくりがなもかきましょう。

① 54ページ □□（ぜんたい）の人数を数える。

② 最（さい）□（こう）の時間をすごす。

③ 〔あきらか〕なまちがい。

④ 56ページ □□（ぜんりょく）を出す。

⑤ 〔はじめ〕のあいさつ。

⑥ クラスの□（かかり）を決める。

⑦ 弟の□□（せわ）をする。

⑧ ばん組の〔おわり〕。

⑨ 参（さん）□（こう）になる話。

⑩ □□（にがて）な科目。

⑪ □□（かぞく）で出かける。

⑫ □□（ぶんしょう）をかく。

✿の漢字は新出（しんしゅつ）漢字のべつの読み方です。

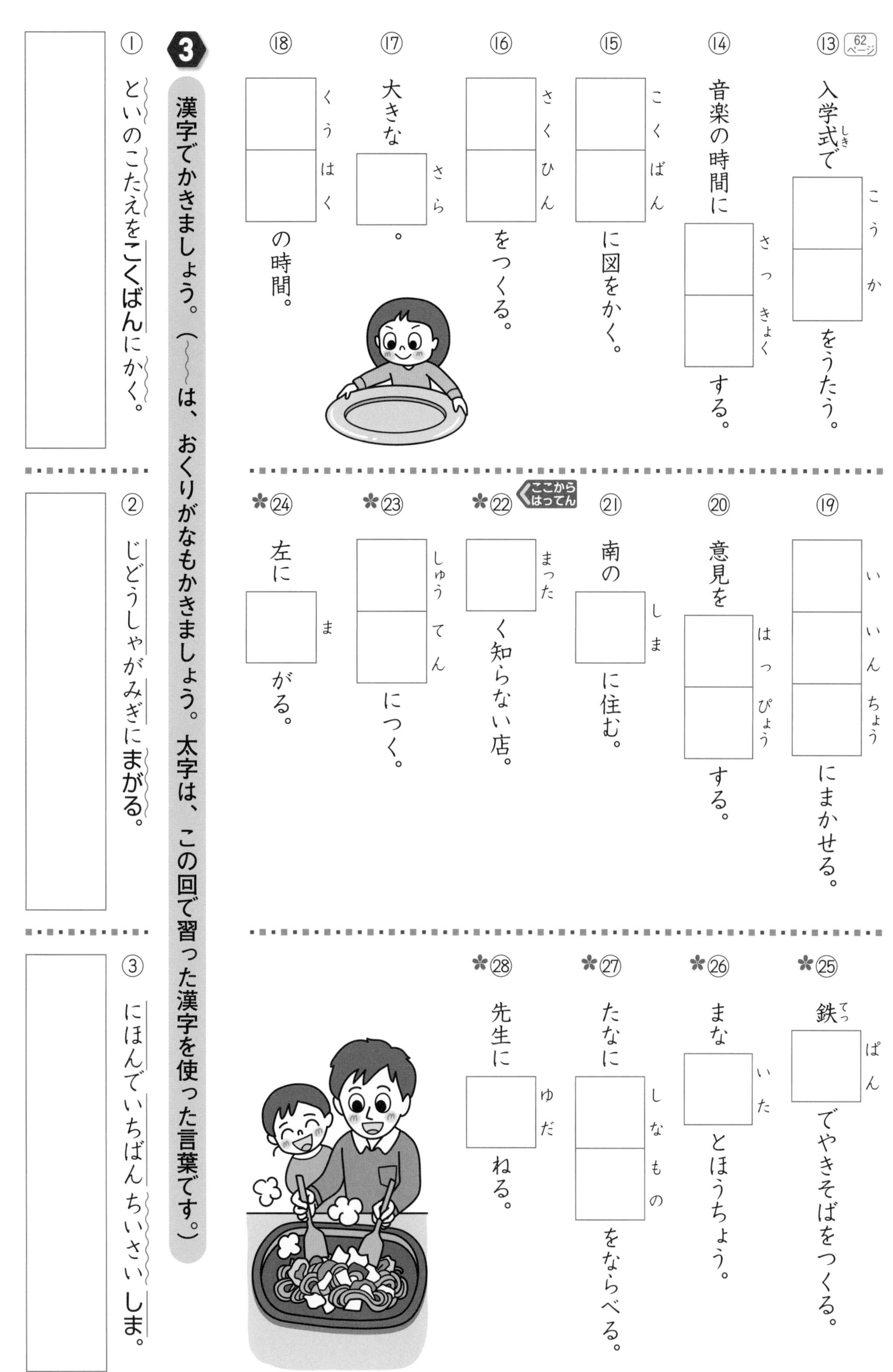

⑬ 62ページ 入学式(しき)で（こうか）をうたう。

⑭ 音楽の時間に（さっきょく）する。

⑮（こくばん）に図をかく。

⑯（さくひん）をつくる。

⑰ 大きな（さら）。

⑱（くうはく）の時間。

⑲（いいんちょう）にまかせる。

⑳ 意見を（はっぴょう）する。

㉑ 南の（しま）に住む。

✲㉒ ここからはってん （まった）く知らない店。

✲㉓（しゅうてん）につく。

✲㉔ 左に（ま）がる。

✲㉕ 鉄(てっ)（ぱん）でやきそばをつくる。

✲㉖ まな（いた）とほうちょう。

✲㉗ たなに（しなもの）をならべる。

✲㉘ 先生に（ゆだ）ねる。

3 漢字でかきましょう。（〰〰は、おくりがなもかきましょう。太字は、この回で習った漢字を使った言葉です。）

① といのこたえを**こくばん**にかく。

② じどうしゃがみぎに**まがる**。

③ にほんでいちばん**ちいさい** **しま**。

物語をみじかくまとめてしょうかいしよう

きほんのワーク

ワニのおじいさんのたから物／漢字を使おう3　人物やものの様子を表す言葉　心が動いたことを詩で表そう／「給食だより」を読みくらべよう

教科書 上64〜98ページ

べん強した日　月　日

◆「読み方」の赤い字は教科書で使われている読みです。はまちがえやすい漢字です。

ワニのおじいさんのたから物

66ページ

寒　うかんむり（立てる・はねる・とめる）

読み方：カン　さむい

使い方：寒気（かんき）・寒波（かんぱ）　寒い朝・寒い日

12画

67ページ

相　め（とめる）

読み方：ソウ・（ショウ）　あい

使い方：相当（そうとう）・真相（しんそう）・人相（にんそう）　相手（あいて）・相乗り（あいのり）

9画

漢字の意味。

相
①表にあらわれたかたち。れい 人相・真相
②たがいに。ともに。れい 相談（そうだん）
③大臣（だいじん）。れい 首相（しゅしょう）・外相（がいしょう）

漢字の意味

67ページ

死　かばねへん　いちたへん（はらう・はねる・まげる）

読み方：シ　しぬ

使い方：死者（ししゃ）・生死（せいし）　小鳥が死ぬ

6画

68ページ

君　くち（つき出さない・つき出す・はらう）

読み方：クン　きみ

使い方：…君（くん）　君（きみ）の言うとおりだ

7画

漢字の形にちゅうい。

× 君　たての線を上につき出さないように。
○ 君　横の線を右につき出すように。

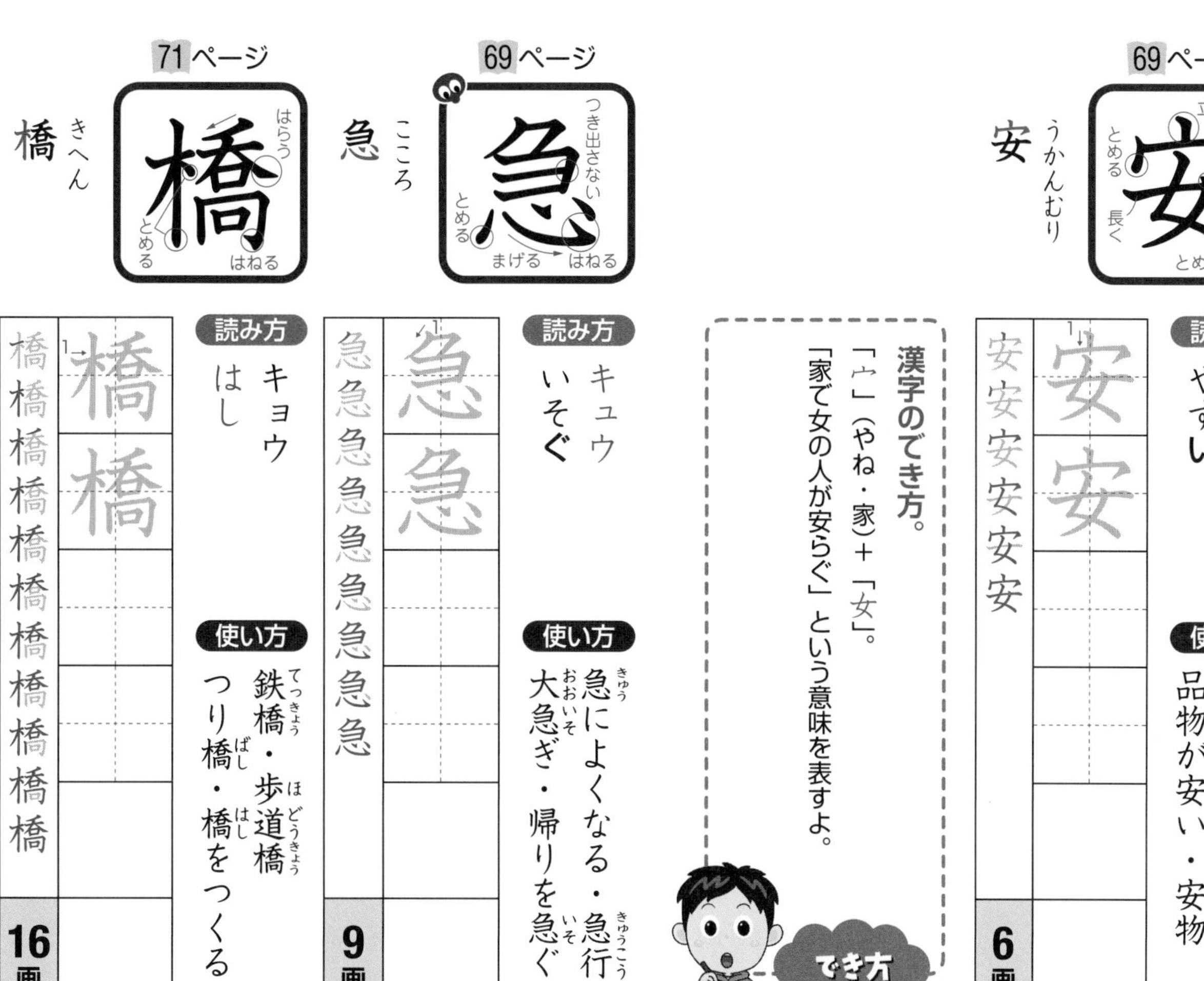

69ページ

安

うかんむり　安

立てる　はねる　とめる　少し出す　長く　とめる

読み方

アン
やすい

使い方

安心（あんしん）・安定（あんてい）
品物が安い（やすい）・安物（やすもの）

6画

漢字のでき方。

「宀」（やね・家）＋「女」。
「家で女の人が安らぐ」という意味を表すよ。

でき方

69ページ

急

こころ　急

つき出さない　とめる　まげる　はねる

読み方

キュウ
いそぐ

使い方

急（きゅう）によくなる・急行（きゅうこう）
大急ぎ（おおいそぎ）・帰りを急ぐ（いそぐ）

9画

71ページ

橋

きへん　橋

はらう　とめる　はねる

読み方

キョウ
はし

使い方

鉄橋（てっきょう）・歩道橋（ほどうきょう）
つり橋（ばし）・橋（はし）をつくる

16画

漢字を使おう3

74ページ

登

はつがしら　登

はらう　長く

読み方

トウ・ト
のぼる

使い方

登場人物（とうじょうじんぶつ）・登山（とざん）
山に登る（のぼる）

12画

同じ読み方の漢字。

「登る」…自分の力で高い所にすすんでいく。
れい　山に登る。
「上る」…下から上へ向かう。
れい　川を上る。

ちゅうい！

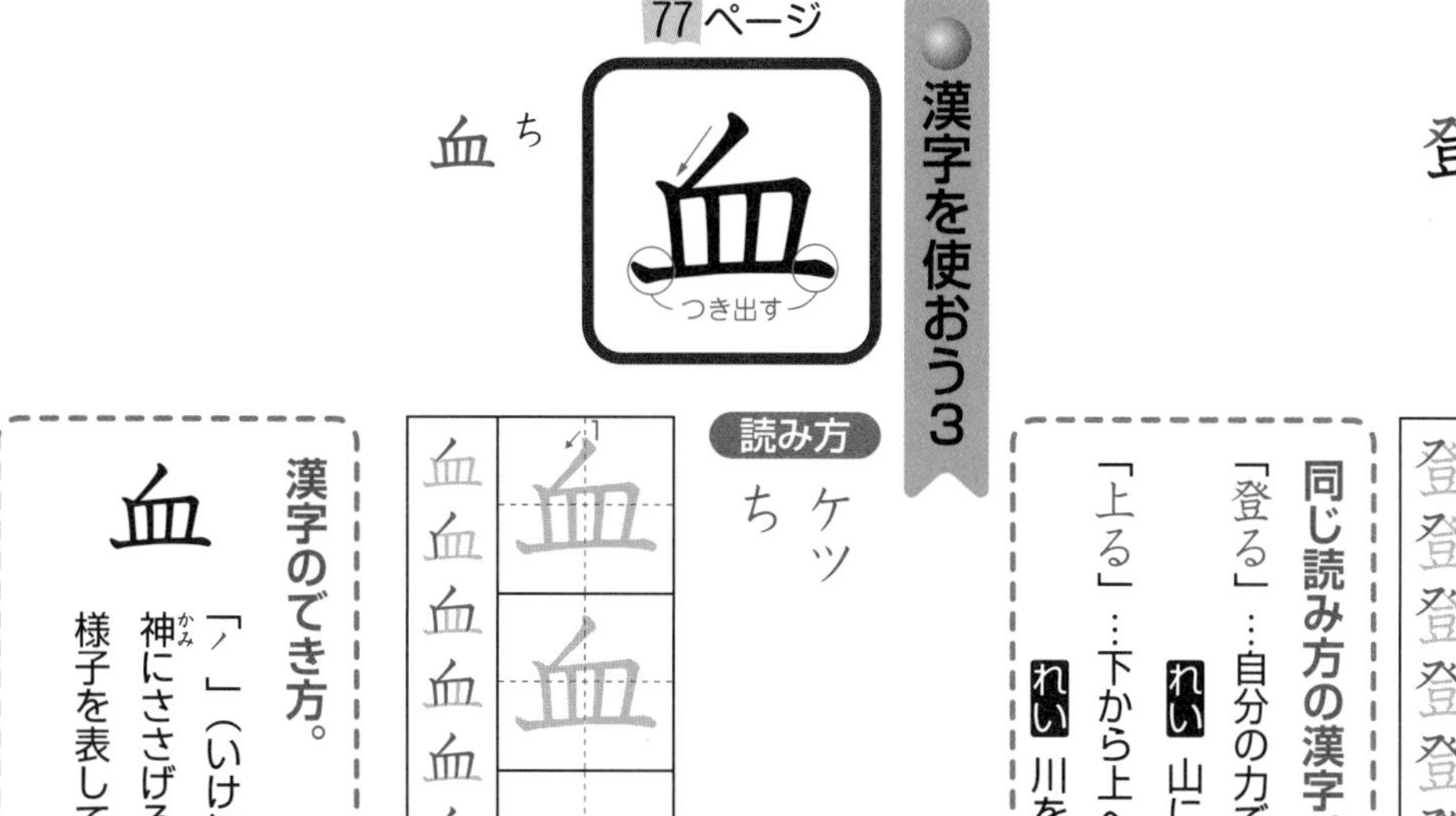

77ページ

血

ち　血

つき出す

読み方

ケツ
ち

使い方

血色（けっしょく）・出血（しゅっけつ）・流血（りゅうけつ）
血（ち）が出る・鼻血（はなぢ）

6画

漢字のでき方。

血

「丿」（いけにえの血）＋「皿」
神（かみ）にささげるいけにえの血を皿にもった様子を表しているよ。

でき方

ものしりメモ

はんたいの意味の言葉が分かるかな？　①暑（あつ）い←→？　②生きる←→？　③安い←→？
答えは、①寒い、②死ぬ、③高い　だよ。

77ページ 申

申（た）

つき出す

読み方 （シン） もうす

使い方 申（もう）しあげる 試合（しあい）を申（もう）しこむ

5画

77ページ 由

由（た）

つき出す つき出さない

読み方 ユ・ユウ・（ユイ） （よし）

使い方 由来（ゆらい）・理由（りゆう）・自由（じゆう）

5画

「由」の筆じゅん。
「由」は、
「由由由由由」と書くよ。
たてぼうの筆じゅんに気をつけてね。

ちゅうい！

人物やものの様子を表す言葉／心が動いたことを詩で表そう

78ページ 想

想（こころ）

とめる とめる まげる はねる

読み方 ソウ・（ソ） ―

使い方 想（そう）ぞう・感想（かんそう）・予想（よそう）

13画

80ページ 詩

詩（ごんべん）

下を長く はねる わすれない

読み方 シ ―

使い方 詩（し）を読む・詩集（ししゅう）・詩人（しじん）

13画

82ページ 集

集（ふるとり）

長く とめる はらう

読み方 シュウ あつまる・あつめる （つどう）

使い方 集合（しゅうごう）・集中（しゅうちゅう） ごみを集（あつ）める

12画

おくりがなにちゅうい。
○ カードを集（あつ）める。
× カードを集つめる。
× カードを集る。
おくりがなは「める」だよ。

ちゅうい！

「給食（きゅう）だより」を読みくらべよう

92ページ 次

次（あくび）

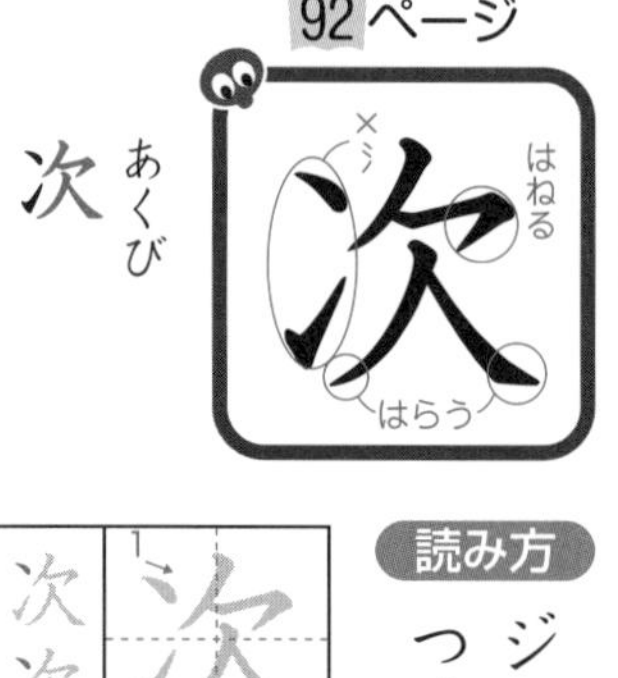

はねる はらう

読み方 ジ・（シ） つぐ・つぎ

使い方 次回（じかい）・目次（もくじ）・…に次（つ）ぐ 次（つぎ）の駅（えき）・次（つぎ）の日

6画

暑

94ページ

暑 ひへん

読み方
ショ
あつい

使い方
暑中見まい（しょちゅうみまい）・寒暑（かんしょ）
暑（あつ）い夏・むし暑（あつ）い

12画

業

95ページ

業 き

読み方
ギョウ・（ゴウ）
（わざ）

使い方
作業（さぎょう）・工業（こうぎょう）・農業（のうぎょう）

13画

実

95ページ

実 うかんむり

読み方
ジツ
み・みのる

使い方
実行（じっこう）・事実（じじつ）
木の実（み）・みかんが実（みの）る

8画

おくりがなにちゅうい。
○ かきが実（みの）る。
× かきが実のる。
おくりがなは「る」だよ。

ちゅうい!

農

95ページ

農 しんのたつ

つき出す
はらう
はらう

読み方
ノウ
—

使い方
農家（のうか）・農業（のうぎょう）・農作物（のうさくぶつ）

13画

命

95ページ

命 くち

読み方
メイ・（ミョウ）
いのち

使い方
一生（いっしょう）けん命（めい）・生命（せいめい）
命（いのち）がけ・命（いのち）を助（たす）ける

8画

写

97ページ

写 わかんむり

はねる
長く
はねる

読み方
シャ
うつす・うつる

使い方
写真（しゃしん）・書写（しょしゃ）
本を書（か）き写（うつ）す

5画

読みかえの漢字

ページ	漢字	ことば
70ページ	記（しるす）	記（しる）す
74	場（ジョウ）	登場人物（とうじょうじんぶつ）
75	行（コウ）	行動（こうどう）
77	金（かな）	金物（かなもの）
77	鳥（チョウ）	白鳥（はくちょう）
81	出（シュツ）	出発（しゅっぱつ）
95	行（おこなう）	行（おこな）う

ものしりメモ
「命」には次の意味があるよ。　①いのち　②言いつける　③めぐり合わせ
（れい）①生命　②命れい　③運（うん）命

物語をみじかくまとめてしょうかいしよう

練習のワーク

ワニのおじいさんのたから物／漢字を使おう3
人物やものの様子を表す言葉
心が動いたことを詩で表そう／「給食だより」を読みくらべよう

教科書 ㊤64～98ページ

答え 2ページ

べん強した日　月　日

1 新しい漢字を読みましょう。

① 64ページ （　　）寒い冬。

② （　　）相当年を取っている。

③ 動物が（　　）死ぬ。

④ （　　）君の目でたしかめる。

⑤ この道を行けば（　　）安心だ。

⑥ （　　）急にねむくなる。

⑦ 地図に場所を（　　）記す。

⑧ つり（　　）橋をわたる。

⑨ 物語の（　　）登場人物。

⑩ 二人の（　　）行動について考える。

⑪ 77ページ （　　）金物を売る店。

⑫ ひざから（　　）血が出る。

⑬ （　　）血色のいい顔。

⑭ おれいを（　　）申しあげる。

⑮ 名前の（　　）由来を聞く。

⑯ （　　）理由を調べる。

⑰ （　　）白鳥がとぶ。

⑱ 78ページ どんな様子か（　　）想ぞうする。

⑲ 80ページ （　　）詩を読む。

⑳ 朝早く（　　）出発する。

㉑ 言葉を（　　）集める。

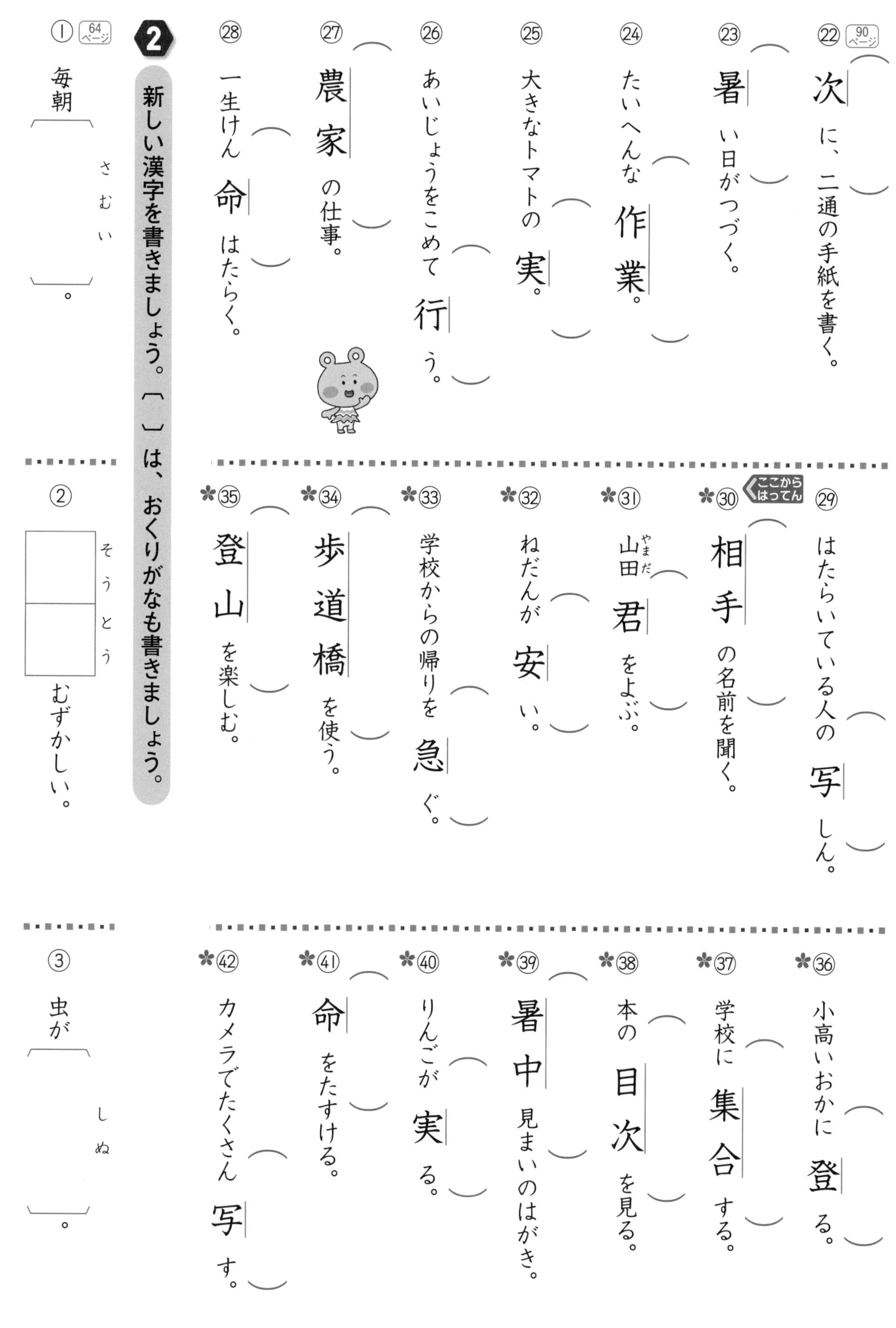

㉒ 90ページ 次（　　）に、二通の手紙を書く。

㉓ 暑（　　）い日がつづく。

㉔ たいへんな作業（　　）。

㉕ 大きなトマトの実（　　）。

㉖ あいじょうをこめて行（　　）う。

㉗ 農家（　　）の仕事。

㉘ 一生けん命（　　）はたらく。

㉙ はたらいている人の写（　　）しん。

✿㉚ ここから はってん 相手（　　）の名前を聞く。

✿㉛ 山田（やまだ）君（　　）をよぶ。

✿㉜ ねだんが安（　　）い。

✿㉝ 学校からの帰りを急（　　）ぐ。

✿㉞ 歩道橋（　　）を使う。

✿㉟ 登山（　　）を楽しむ。

✿㊱ 小高いおかに登（　　）る。

✿㊲ 学校に集合（　　）する。

✿㊳ 本の目次（　　）を見る。

✿㊴ 暑中（　　）見まいのはがき。

✿㊵ りんごが実（　　）る。

✿㊶ 命（　　）をたすける。

✿㊷ カメラでたくさん写（　　）す。

2 新しい漢字を書きましょう。（　）は、おくりがなも書きましょう。

① 64ページ 毎朝（さむい）。

② （そうとう）むずかしい。

③ 虫が（しぬ）。

✿の漢字は新出（しん）漢字のべつの読み方です。

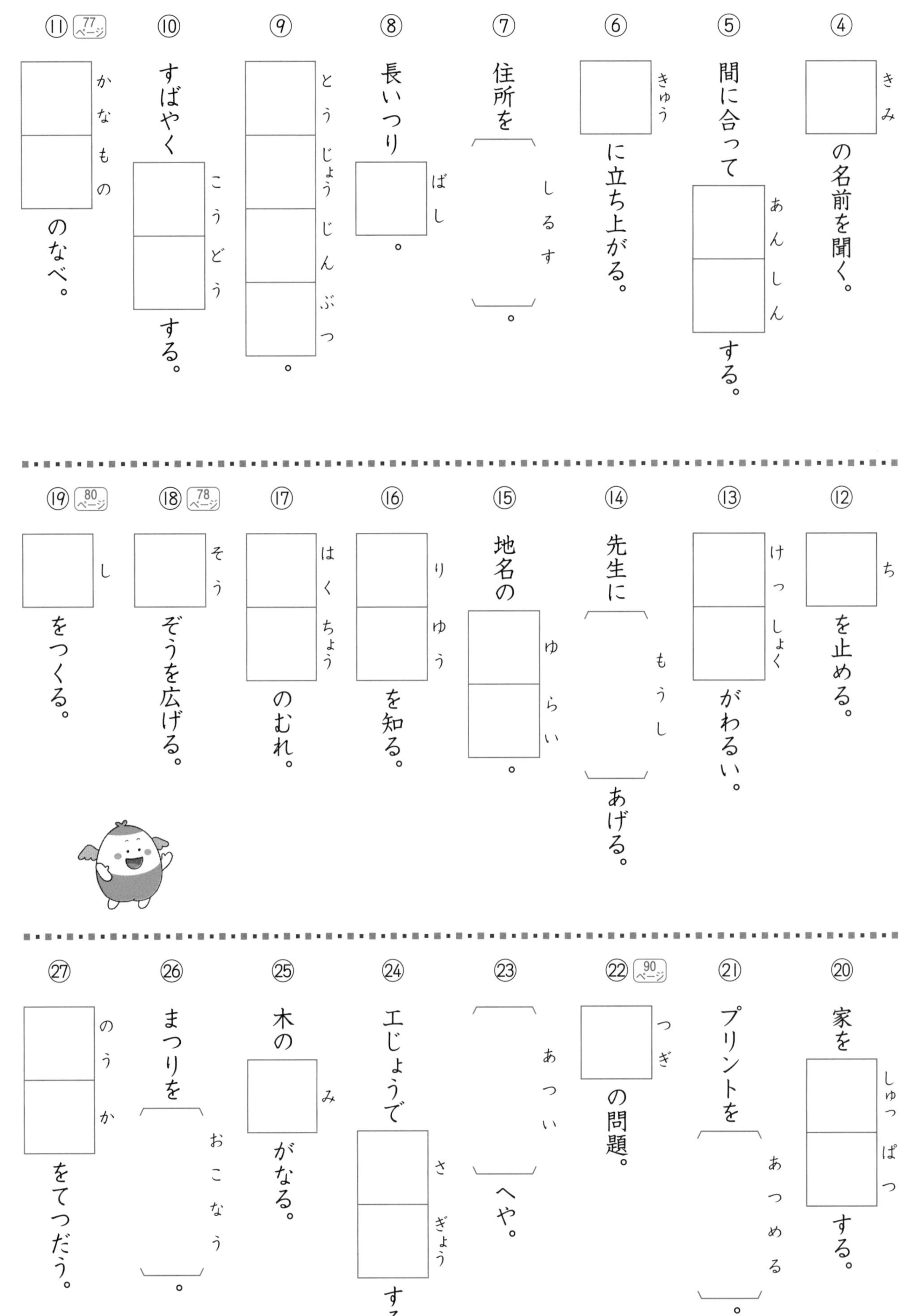

④ □（きみ）の名前を聞く。

⑤ 間に合って□□（あんしん）する。

⑥ □（きゅう）に立ち上がる。

⑦ 住所を〔　（しるす）　〕。

⑧ 長いつり□（ばし）。

⑨ □□□□（とうじょうじんぶつ）。

⑩ すばやく□□（こうどう）する。

⑪ 77ページ □□（かなもの）のなべ。

⑫ □（ち）を止める。

⑬ □□（けっしょく）がわるい。

⑭ 先生に〔　（もうし）　〕あげる。

⑮ 地名の□□（ゆらい）。

⑯ □□（りゆう）を知る。

⑰ □□（はくちょう）のむれ。

⑱ 78ページ □（そう）ぞうを広げる。

⑲ 80ページ □（し）をつくる。

⑳ 家を□□（しゅっぱつ）する。

㉑ プリントを〔　（あつめる）　〕。

㉒ 90ページ □（つぎ）の問題。

㉓ 〔　（あつい）　〕へや。

㉔ 工じょうで□□（さぎょう）する。

㉕ 木の□（み）がなる。

㉖ まつりを〔　（おこなう）　〕。

㉗ □□（のうか）をてつだう。

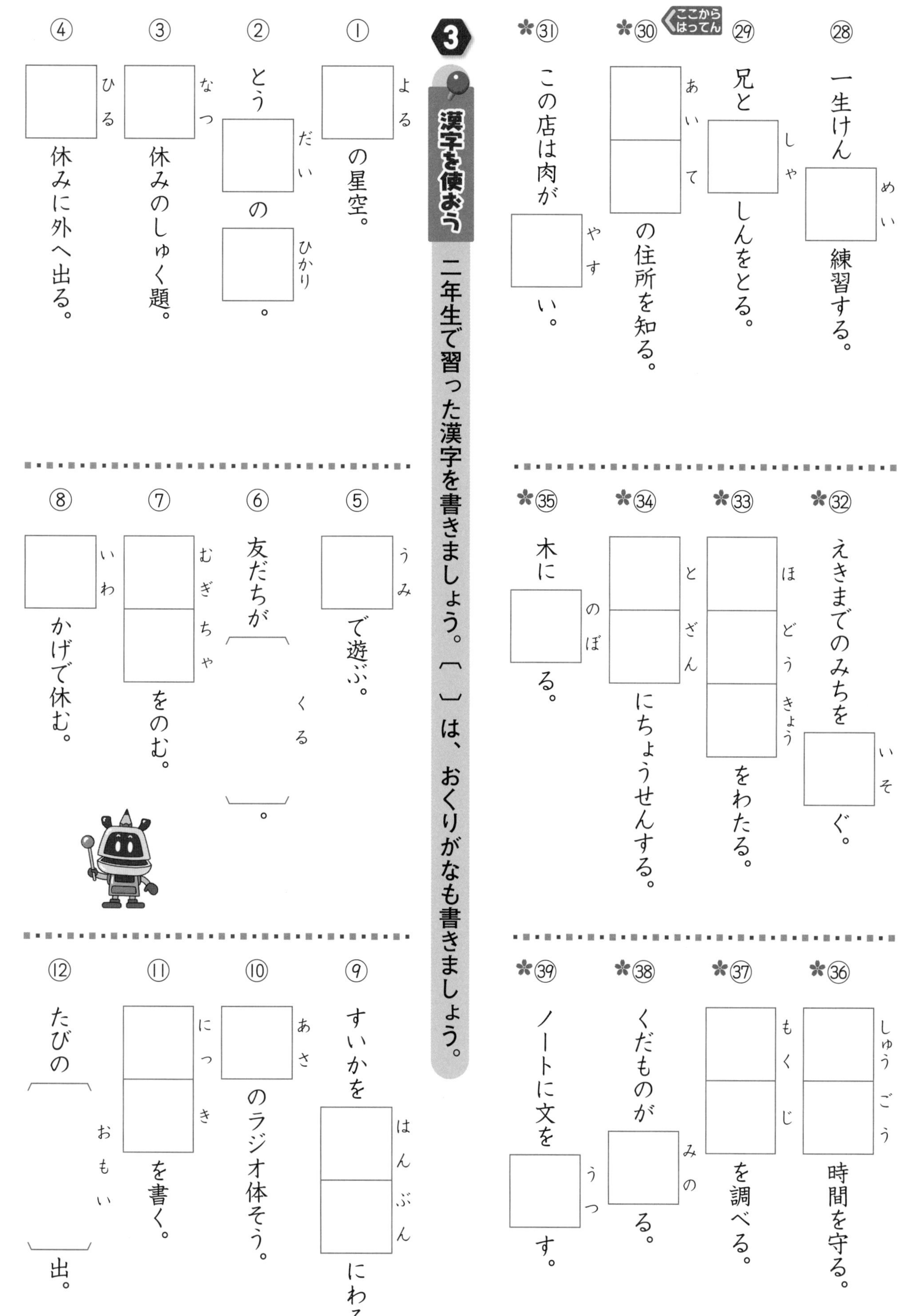

㉘ 一生けん［めい］練習する。

㉙ 兄と［しゃ］しんをとる。

ここからはってん

✿㉚ ［あいて］の住所を知る。

✿㉛ この店は肉が［やす］い。

✿㉜ えきまでのみちを［いそ］ぐ。

✿㉝ ［ほどうきょう］をわたる。

✿㉞ ［とざん］にちょうせんする。

✿㉟ 木に［のぼ］る。

✿㊱ ［しゅうごう］時間を守る。

✿㊲ ［もくじ］を調べる。

✿㊳ くだものが［みの］る。

✿㊴ ノートに文を［うつ］す。

3 漢字を使おう

二年生で習った漢字を書きましょう。〔　〕は、おくりがなも書きましょう。

① ［よる］の星空。

② とう［だい］の［ひかり］。

③ ［なつ］休みのしゅく題。

④ ［ひる］休みに外へ出る。

⑤ ［うみ］で遊ぶ。

⑥ 友だちが〔くる〕。

⑦ ［むぎちゃ］をのむ。

⑧ ［いわ］かげで休む。

⑨ すいかを［はんぶん］にわる。

⑩ ［あさ］のラジオ体そう。

⑪ ［にっき］を書く。

⑫ たびの〔おもい〕出。

夏休み まとめのテスト❶

教科書 ㊤16～98ページ
答え 3ページ

時間20分

とく点 /100点
べん強した日 月 日

1 ——線の漢字の読み方をかきましょう。 一つ2〔28点〕

① <u>緑色</u>（　　）（　　）の大きな<u>葉</u>（　　）っぱをひろう。

② <u>向</u>（　　）こうの空の<u>様子</u>（　　）（　　）を見る。

③ <u>歩道</u>（　　）（　　）の<u>中央</u>（　　）（　　）を通る。

④ 百科<u>事</u>（　　）てんを<u>使</u>（　　）う。

⑤ <u>漢字</u>（　　）（　　）の<u>意味</u>（　　）（　　）を知る。

⑥ ゆうびん<u>局</u>（　　）で手紙をうけ<u>取</u>（　　）る。

⑦ てきから<u>身</u>（　　）を<u>守</u>（　　）る。

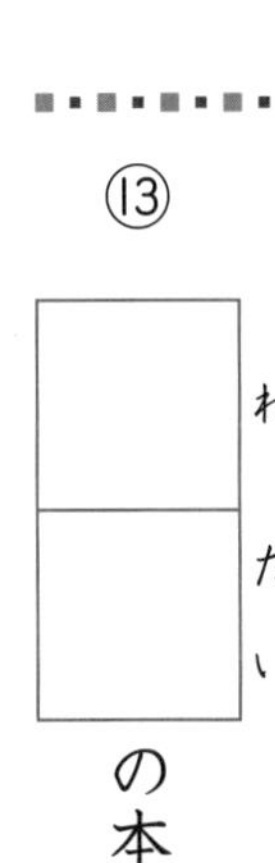

2 □は漢字を、（　）は漢字とおくりがなをかきましょう。 一つ2〔28点〕

① すぐに（おきる）。

② □□（いちめん）の花。

③ □□（かんしん）する。

④ 小さな□（まめ）つぶ。

⑤ りっぱな□□（じんぶつ）。

⑥ 走る□□（れんしゅう）。

⑦ □□（きゅうしゅう）へのたび。

⑧ □（おう）だんする。

⑨ □□（にばい）の長さ。

⑩ □□□（としょかん）。

⑪ かき（あらわす）。

⑫ 公園の□□（ばしょ）。

⑬ □□（わだい）の本。

⑭ だいじな□□（ぶぶん）。

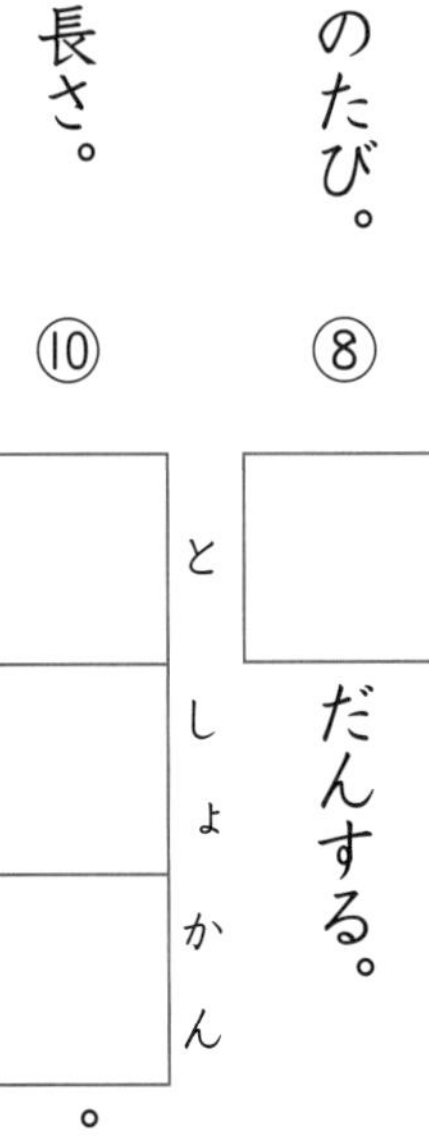

3 ——線の言葉を、漢字とおくりがなでかきましょう。 一つ2(10点)

① 王につかえる。

② もうしこみ用紙をわたす。

③ にもつをくばる。

④ くわしくしらべる。

⑤ かえり道をいそぐ。

4 次の言葉とはんたいの意味の言葉を、漢字でかきましょう。 一つ3(6点)

① 生きる ↔ □ぬ（し）

② 楽しい ↔ □しい（くる）

5 次の漢字の画数を、数字でかきましょう。 一つ2(4点)

① 緑（　）画

② 号（　）画

6 ——線の漢字の読み方をかきましょう。 一つ2(16点)

① 由
1 おくれた理由。
2 まつりの由来。

② 育
1 いのちを育む。
2 子犬を育てる。

③ 作
1 作もつをさいばいする。
2 すばやい動作。

④ 都
1 にぎやかな都会。
2 都合をつける。

7 ——線の言葉を、漢字とおくりがなでかきましょう。 一つ2(8点)

①
1 おとしものがかえる。
2 いそいで家にかえる。

②
1 手足の動きがはやい。
2 ねる時間がはやい。

夏休み　まとめのテスト❷

教科書 ㊤16〜98ページ　答え 3ページ

時間20分

とく点 /100点

べん強した日 月 日

1 ――線の漢字の読み方を書きましょう。 一つ2〔28点〕

① みずの都（　）として有名（　）なまち。
② 家族（　）で犬の世話（　）をする。
③ 作品（　）を発表（　）する。
④ 君（　）が来てくれて安心（　）する。
⑤ 写（　）しんをたくさん集（　）める。
⑥ 暑（　）い日も一生けん命（　）はたらく。
⑦ 農家（　）のたいへんな作業（　）をてつだう。

2 □は漢字を、〔　〕は漢字とおくりがなを書きましょう。 一つ2〔28点〕

① つめたい□（こおり）。
② □□（すいえい）大会。
③ □□（ぜんたい）を見る。
④ 配り□（がかり）。
⑤ □□（ぶんしょう）を書く。
⑥ 空っぽの□（さら）。
⑦ □□□（いいんちょう）。
⑧ □（しま）へ行く。
⑨ 〔　〕（さむい）冬。
⑩ □（きゅう）に走り出す。
⑪ □（はし）をかける。
⑫ □□（かなもの）屋や。
⑬ □（ち）が出る。
⑭ くりの□（み）。

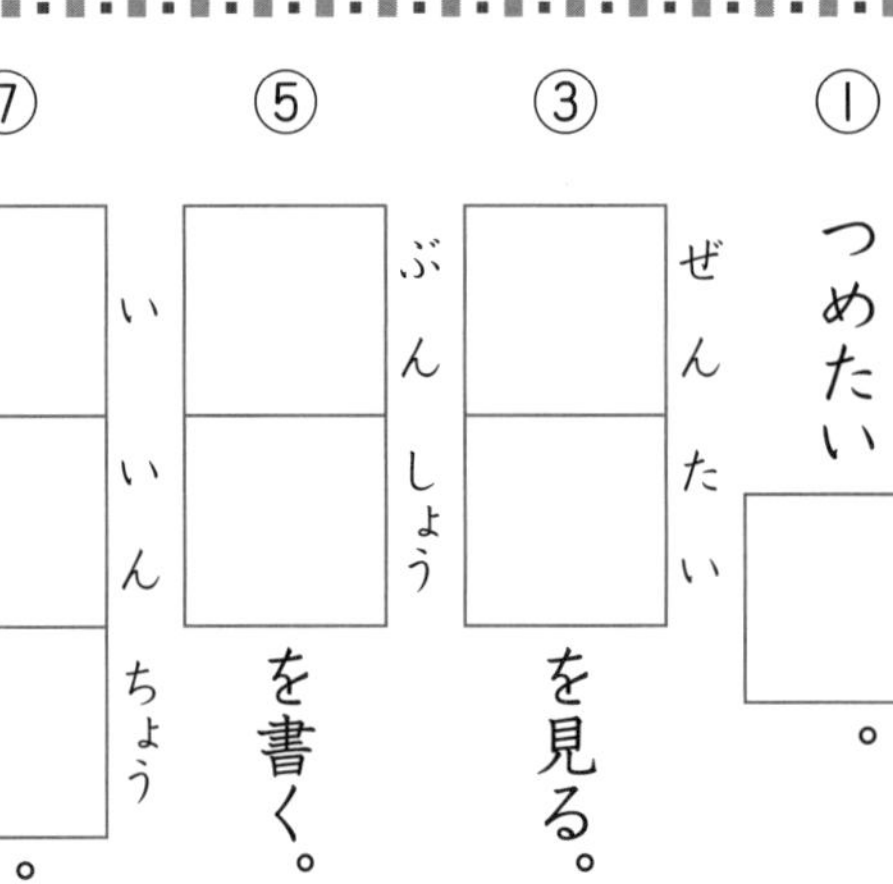
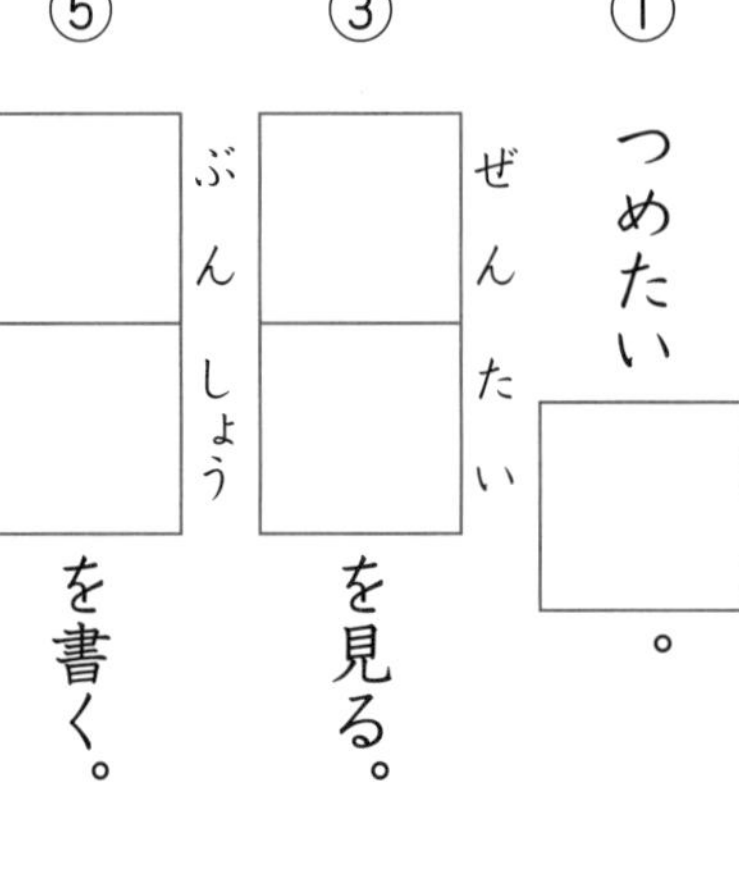
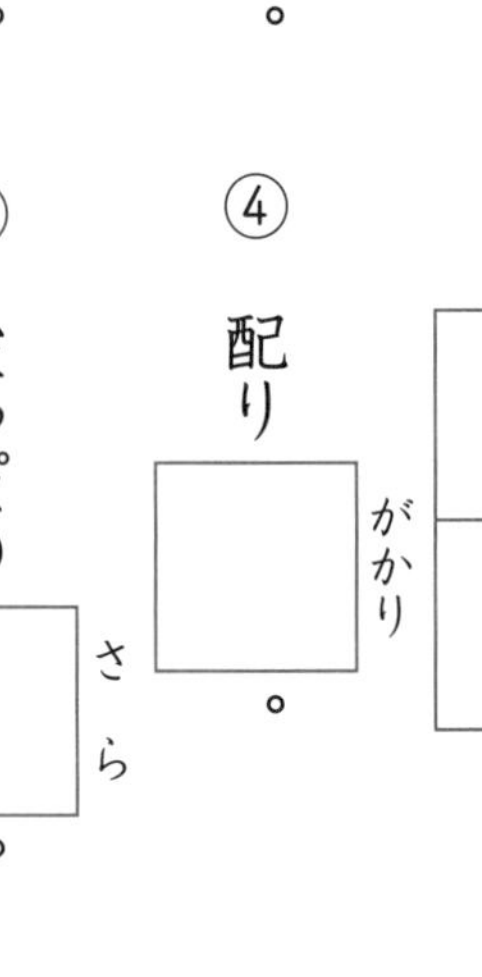
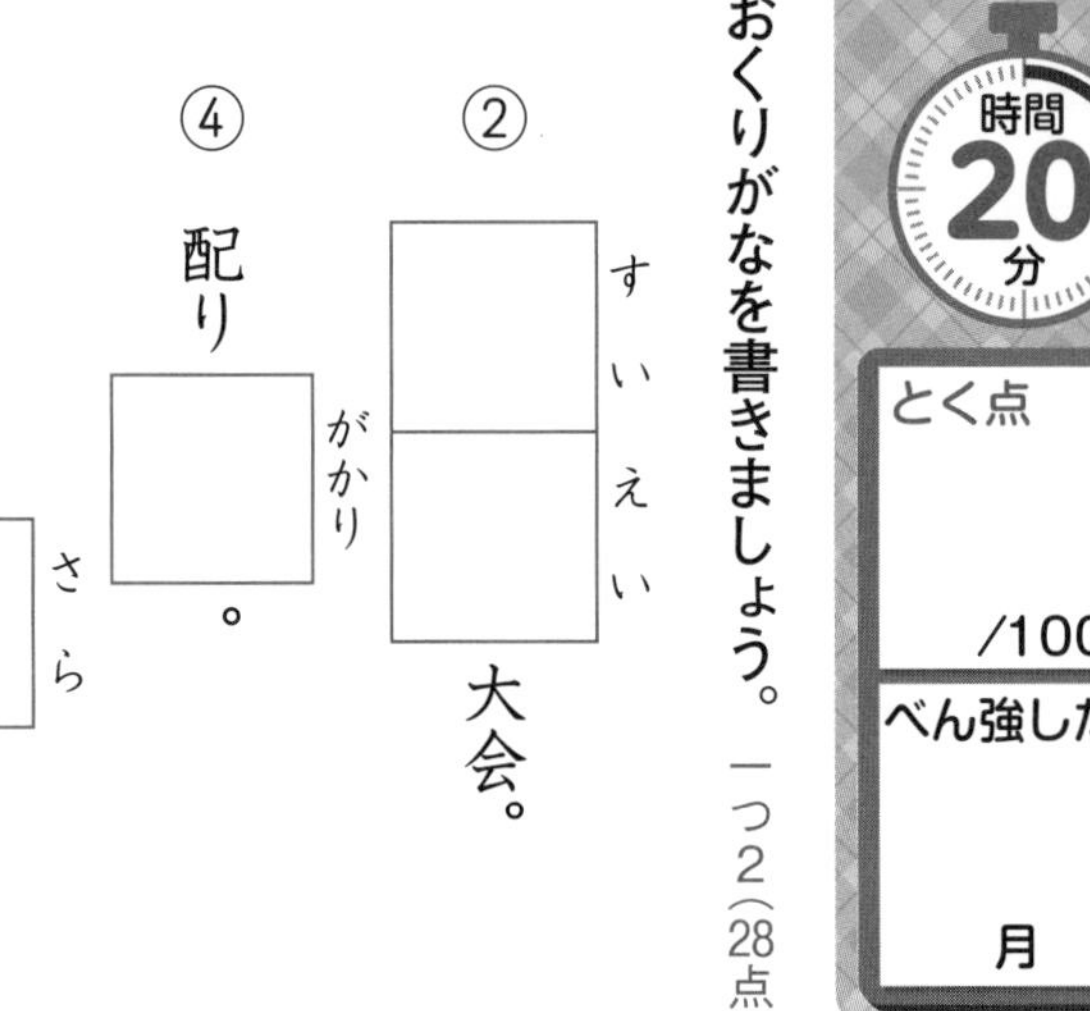

3 ――線の言葉を、漢字とおくりがなで書きましょう。 一つ2(12点)

① れつがまがる。

② すべての人に話す。

③ にがいくすり。

④ とびらをあける。

⑤ 先生にゆだねる。

⑥ 考えをしるす。

4 つぎの部分と組み合わせることのできる部分を□からえらんで、漢字を作りましょう。 一つ2(8点)

① 寺　□

② 台　□

③ 反　□

④ 土　□

ネ　扌　女　木

5 □に同じ部分をもつ漢字を書きましょう。 一つ2(16点)

① □(じ)回の朝れいで校□(か)をうたう。

② ピアノの□(れん)習は夕方に□(お)わるよていだ。

③ もの□(がたり)や□(し)を書く。

④ □(つう)学路(ろ)の近くで□(あそ)ぶ。

6 つぎの形のにている漢字を□に書きましょう。 一つ2(8点)

①
1 電□(ちゅう)をたてる。
2 □(じゅう)所を教える。

②
1 人□(そう)がよい。
2 感□(そう)ぶんを読む。

きほんのワーク

夕日がせなかをおしてくる／案内の手紙を書こう／慣用句を使おう　グループの合い言葉を決めよう／漢字を使おう4

教科書　上110～127ページ

べん強した日　月　日

夕日がせなかをおしてくる／案内の手紙を書こう／慣用句を使おう

117ページ

助（ちから）　つき出す　はねる

読み方：ジョ　たす**ける**・たす**かる**（すけ）

使い方：助言（じょげん）・母を助（たす）ける　助（たす）け・命が助（たす）かる

助助助助助助助　7画

118ページ

落（くさかんむり）　はらう

読み方：ラク　お**ちる**・お**とす**

使い方：落石（らくせき）・あなに落（お）ちる　かきの実を落（お）とす

落落落落落落落落落落落落　12画

漢字の形にちゅうい。
○ 落　「艹」は大きく書くよ。
× 落　「氵」は下に小さく書くよ。

ちゅうい！

グループの合い言葉を決めよう

120ページ

進（しんにょう・しんにゅう）　一画

読み方：シン　すす**む**・すす**める**

使い方：進行（しんこう）・前進（ぜんしん）・一歩進（すす）む　歩（あゆ）みを進（すす）める

進進進進進進進進進進進　11画

122ページ

役（ぎょうにんべん）　はねる　はらう

読み方：ヤク・（エキ）　―

使い方：役（やく）わり・役員（やくいん）・役目（やくめ）

役役役役役役役　7画

漢字の意味。
役
①仕事。つとめ。　れい　役所・役目
②上の立場。　れい　顔役・重役（じゅうやく）
③しばいのうけ持ち。　れい　主役（しゅやく）・配役

漢字の意味

123ページ

負

かい
負

読み方
フ
まける・まかす
おう

使い方
勝負(しょうぶ)・しあいに負(ま)ける
せきにんを負(お)う

9画

おくりがなにちゅうい。
○ 負(ま)ける　○ 負(ま)かす　○ 負(お)う
× 負る　× 負す
おくりがなによって言葉の意味もかわるよ。

ちゅうい!

123ページ

勝

ちから
勝

読み方
ショウ
かつ・(まさる)

使い方
勝負(しょうぶ)・決勝(けっしょう)・大勝(たいしょう)
しあいで勝(か)つ

12画

漢字の形にちゅうい。
○ 勝
× 勝
「カ」の部分を「刀」と書かないように。
「勝つために力を出す」とおぼえよう。

ちゅうい!

漢字を使おう4

125ページ

区

かくしがまえ
区

読み方
ク

使い方
区切(くぎ)り・区分(くぶん)・地区(ちく)

4画

「区」の筆じゅん。
「区」は、
「区区区区」と書くよ。
「区区区区」と書かないようにしよう。

ちゅうい!

127ページ

県

め
県

読み方
ケン

使い方
都道府県(とどうふけん)・県道(けんどう)・県立(けんりつ)

9画

127ページ

丁

いち
丁

読み方
チョウ・(テイ)

使い方
…丁目(ちょうめ)・豆ふ一丁(いっちょう)

2画

ものしりメモ
物の数え方には、どんなものがあるかな。豆ふ→丁、自転車(じてんしゃ)→台、かがみ→面、手紙→通、洋服(ようふく)→着(ちゃく)・枚(まい)など、いろいろあるね。

127ページ

屋 しかばね かばね

屋

読み方 オク や

使い方 屋外(おくがい)・屋上(おくじょう)・家屋(かおく) 屋根(やね)・花屋(はなや)・本屋(ほんや)

9画

127ページ

根 きへん

根

読み方 コン ね

使い方 根気(こんき)・球根(きゅうこん)・大根(だいこん) 屋根(やね)・根(ね)が生える

10画

127ページ

投 てへん

投

読み方 トウ なげる

使い方 投球(とうきゅう)・投手(とうしゅ)・投書(とうしょ) ボールを投(な)げる

7画

形のにている漢字。

投 れい 投球の練習をする。

役 れい 自分の役わりをはたす。

127ページ

球 おうへん たまへん

球

読み方 キュウ たま

使い方 投球(とうきゅう)・地球(ちきゅう)・野球(やきゅう) 白い球(たま)・球(たま)を投げる

11画

漢字の形にちゅうい。

球 わすれないように。 「玉」としないように。

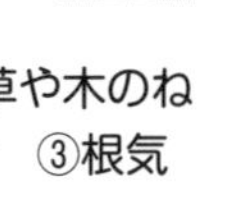

127ページ

打 てへん

打

読み方 ダ うつ

使い方 打者(だしゃ)・打球(だきゅう) 心を打(う)つ

5画

読みかえの漢字

111ページ	113	114
太(タイ)	合(ガッ)	通(かよう)
太陽(たいよう)	合(がっ)しょう	通(かよ)う
127	127	127
市(シ)	町(チョウ)	村(ソン)
市区町村(しくちょうそん)		

ものしりメモ 「根」には次の意味があるよ。 ①草や木のね ②大もと・もとづく ③やりぬく力 (れい)①根毛(もう)・球根 ②根元・根本 ③根気

練習のワーク

夕日がせなかをおしてくる／案内(あん)の手紙を書こう／慣(かん)用句(く)を使おう／グループの合い言葉を決めよう／漢字を使おう4

教科書 上110〜127ページ

答え 4ページ

べん強した日　月　日

1 新しい漢字を読みましょう。

① 110ページ 太陽(よう)の光。

② 112ページ クラス全員で合しょうする。

③ 学校に通う。

④ 116ページ 友人の助けがほしい。

⑤ かみなりを落とす。

⑥ 120ページ 話し合いを進行する。

⑦ 司(し)会の役わり。

⑧ しあいに負ける。

⑨ うん動会で勝つ。

⑩ 話に区切りをつける。

⑪ 127ページ 都道府(ふ)県をおぼえる。

⑫ 市区町村で分かれる。

⑬ 三丁目十番地。

⑭ 屋根の上にねこがいる。

⑮ ロープを投げる。

⑯ 投球の回数。

⑰ ボールを打つ。

⑱ 打者がバットを持つ。

✿⑲ ここから はってん 落石に注意する。

✿⑳ しゅく題を進める。

✿㉑ せきにんを負う。

✿の漢字は新(しん)出漢字のべつの読み方です。

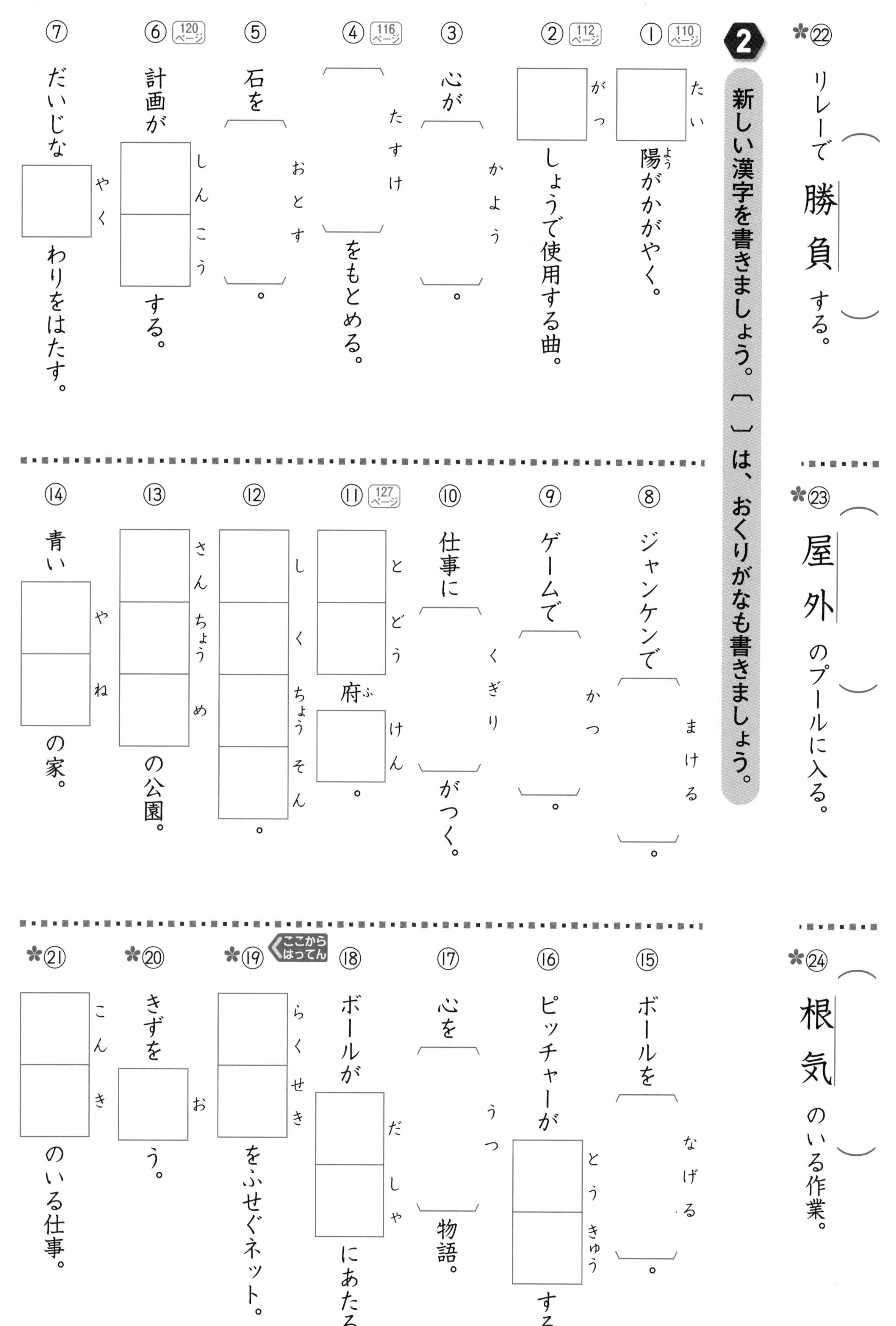

✻㉒ リレーで〔勝負〕する。

✻㉓〔屋外〕のプールに入る。

✻㉔〔根気〕のいる作業。

2 新しい漢字を書きましょう。〔　〕は、おくりがなも書きましょう。

① 110ページ □（たい）陽（よう）がかがやく。

② 112ページ □（がっ）しょうで使用する曲。

③ 心が〔　　〕（かよう）。

④ 116ページ 〔　　〕（たすけ）をもとめる。

⑤ 石を〔　　〕（おとす）。

⑥ 120ページ 計画が□□（しんこう）する。

⑦ だいじな□（やく）わりをはたす。

⑧ ジャンケンで〔　　〕（まける）。

⑨ ゲームで〔　　〕（かつ）。

⑩ 仕事に〔　　〕（くぎり）がつく。

⑪ 127ページ □□（とどう）府（ふ）□（けん）。

⑫ □□□□（しくちょうそん）。

⑬ □□□（さんちょうめ）の公園。

⑭ 青い□□（やね）の家。

⑮ ボールを〔　　〕（なげる）。

⑯ ピッチャーが□□（とうきゅう）する。

⑰ 心を〔　　〕（うつ）物語。

⑱ ボールが□□（だしゃ）にあたる。

ここからはってん

✻⑲ □□（らくせき）をふせぐネット。

✻⑳ きずを□（お）う。

✻㉑ □□（こんき）のいる仕事。

3 漢字で書きましょう。（〰は、おくりがなも書きましょう。太字は、この回で習った漢字を使った言葉です。）

① **でんしゃ**で**かいしゃ**に**か**よう。

② **しくちょうそん**の**やく**わり。

③ **あに**が**なげた**ボールを**うつ**。

4 漢字を使おう 二年生で習った漢字を書きましょう。〔　〕は、おくりがなも書きましょう。

① □（さかな）を〔うる〕。

② □（うし）の□（にく）をやく。

③ おもちゃを〔かう〕。

④ □（こめ）をとぐ。

⑤ □□□（いちまんえん）のおさつ。

⑥ □□（いちば）を見学する。

⑦ ごはんを〔たべる〕。

⑧ お□（みせ）を開く。

⑨ □□（まいしゅう）出かける。

⑩ 天気よほうが〔あたる〕。

⑪ しっぱいが〔すくない〕。

⑫ 雨の日が〔おおい〕。

中心人物について考えたことをまとめよう

きほんのワーク

主語とじゅつ語、つながってる？／サーカスのライオン／漢字を使おう5

教科書 上 128～149ページ

べん強した日　月　日

◆「読み方」の赤い字は教科書で使われている読みです。●はまちがえやすい漢字です。

主語とじゅつ語、つながってる？

128ページ

主（てん）　一番長く

5画

読み方　シュ・（ス）　ぬし・おも

使い方　主語（しゅご）・主役（しゅやく）・主人公（しゅじんこう）　地主（じぬし）・主（おも）な内よう

漢字の意味。
主
①あるじ。ぬし。　れい　主人
②中心となる人物。　れい　主役
③おもな。中心。　れい　主語

漢字の意味

サーカスのライオン

132ページ

化（ひ）　はねる　まげる

4画

読み方　カ・（ケ）　ばける・ばかす

使い方　化学（かがく）・化石（かせき）・消化（しょうか）　お化（ば）け屋しき

133ページ

鉄（かねへん）　とめる　つき出す　つける　下を長く　はらう

13画

読み方　テツ　―

使い方　鉄のこうし戸（てつのこうしど）・鉄道（てつどう）　鉄板（てっぱん）・地下鉄（ちかてつ）

133ページ

真（め）　立てる　長く　はらう　とめる

10画

読み方　シン　ま

使い方　真実（しんじつ）・写真（しゃしん）　真ん中（まんなか）・真心（まごころ）・真っ白（まっしろ）

形のにている漢字。
真　見　貝
字の形に気をつけようね。

客 うかんむり（134ページ）

9画

読み方：キャク・（カク）

使い方：客が来る・客室・客船

着 ひつじ（134ページ）

12画

読み方：チャク・（ジャク）　きる・きせる　つく・つける

使い方：着用・着実・一着　服を着る・海に着く

送 しんにょう　しんにゅう（136ページ）

9画

読み方：ソウ　おくる

使い方：運送・発送・放送　手紙を送る・見送り

院 こざとへん（136ページ）

10画

読み方：イン　―

使い方：入院・通院・病院

皮 けがわ（137ページ）

5画

読み方：ヒ　かわ

使い方：皮肉・皮ふ・表皮　毛皮・みかんの皮

漢字の形にちゅうい。

○皮　×皮

はねるのをわすれないようにね。

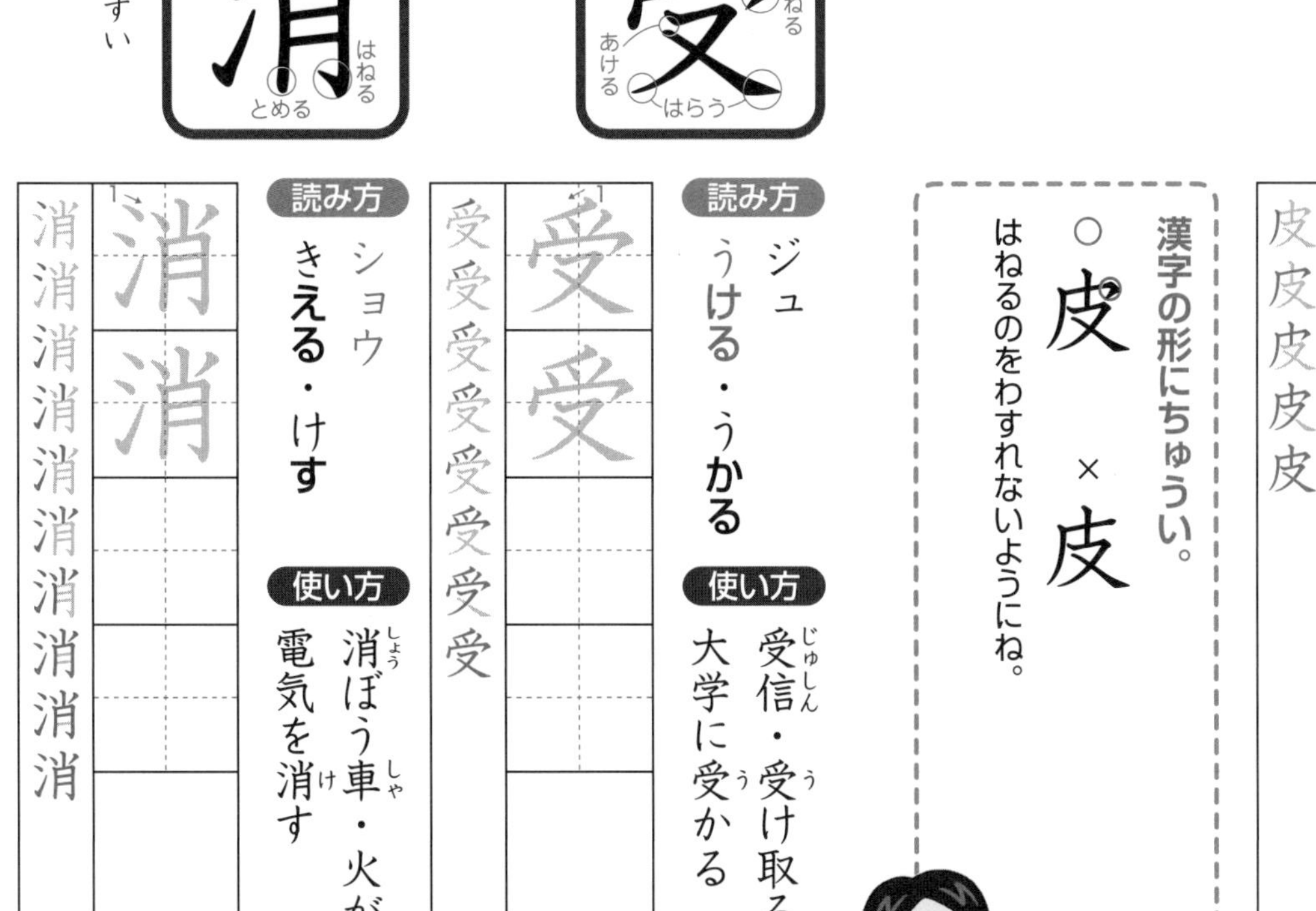

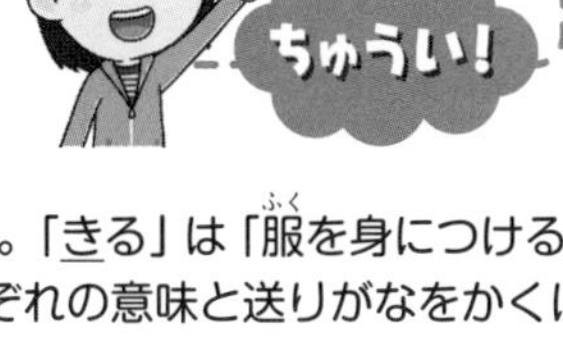

受 また（139ページ）

8画

読み方：ジュ　うける・うかる

使い方：受信・受け取る　大学に受かる

消 さんずい（141ページ）

10画

読み方：ショウ　きえる・けす

使い方：消ぼう車・火が消える　電気を消す

ものしりメモ

「着」の読み方はたくさんあるね。「きる」は「服を身につける」、「つく」は「ある場所にとどく」という意味で使われるよ。それぞれの意味と送りがなをかくにんしておこう。

荷
141ページ
くさかんむり 荷
（つき出す・はねる）
読み方 に（カ）
使い方 荷物（にもつ）・荷台（にだい）・重荷（おもに）
10画

運
141ページ
しんにょう しんにゅう 運
（はねる・少し長く・一画）
読み方 ウン はこぶ
使い方 運（うん）がいい・運動（うんどう） 二人で運ぶ（はこぶ）
12画

おぼえよう！

「辶」のつく漢字。

「辶」（しんにょう・しんにゅう）は、道や進むことに関係（かんけい）のある漢字につくよ。

「辶」のつく漢字…運　進　送　速　返　など。

漢字を使おう5

陽

こざとへん 陽
読み方 ヨウ —
使い方 陽光（ようこう）・陽気（ようき）・太陽（たいよう）
12画

路
149ページ
あしへん 路
（はらう・つき出す）
読み方 ロ じ
使い方 通学路（つうがくろ）・道路（どうろ） 家路（いえじ）・旅路（たびじ）
13画

おぼえよう！

にた意味を表す漢字。

「路」とにた意味を表す漢字に、「道」があるよ。

「道路」で一つの言葉にもなるよ。

読みかえの漢字

ページ	漢字	読みかえ
133	円（まるい）	円い（まるい）
137	楽（ラク）	楽（らく）じゃない

とくべつな読み方の言葉

ページ	言葉	読み方
138	部屋	へや
143	真っ赤	まっか
149	真面目	まじめ
149	真っ青	まっさお

「陽」の左がわの「阝」という部（ぶ）分は三画で書くよ。「都」の右がわの「阝」と形がにているけれどちがう部分なので、気をつけてね。

中心人物について考えたことをまとめよう

練習のワーク

主語とじゅつ語、つながってる？ サーカスのライオン／漢字を使おう5

教科書 上128～149ページ　答え 4ページ

べん強した日　月　日

1 新しい漢字を読みましょう。

① 128ページ 主語（　）を見つける。

② 130ページ お化（　）け屋しきがある。

③ 鉄（　）のこうし戸。

④ ぶ台の真（　）ん中。

⑤ 円（　）い輪（わ）をくぐる。

⑥ お客（　）が帰る。

⑦ ふくを着（　）る。

⑧ 家まで送（　）る。

⑨ お母さんが入院（　）する。

⑩ くらい所は楽（　）に歩けない。

⑪ 毛皮（　）のぼうしをかぶる。

⑫ 部屋（　）に灯（ひ）がともる。

⑬ チョコレートを受（　）け取る。

⑭ 消（　）ぼう車が来る。

⑮ 荷物（　）をつみこむ。

⑯ つくえを運（　）ぶ。

⑰ 真っ赤（　っ　）なほのお。

⑱ 149ページ 真面目（　）なせいかく。

⑲ 顔が真っ青（　っ　）になる。

⑳ 陽光（　）がふりそそぐ。

㉑ 通学路（　）にあるひょうしき。

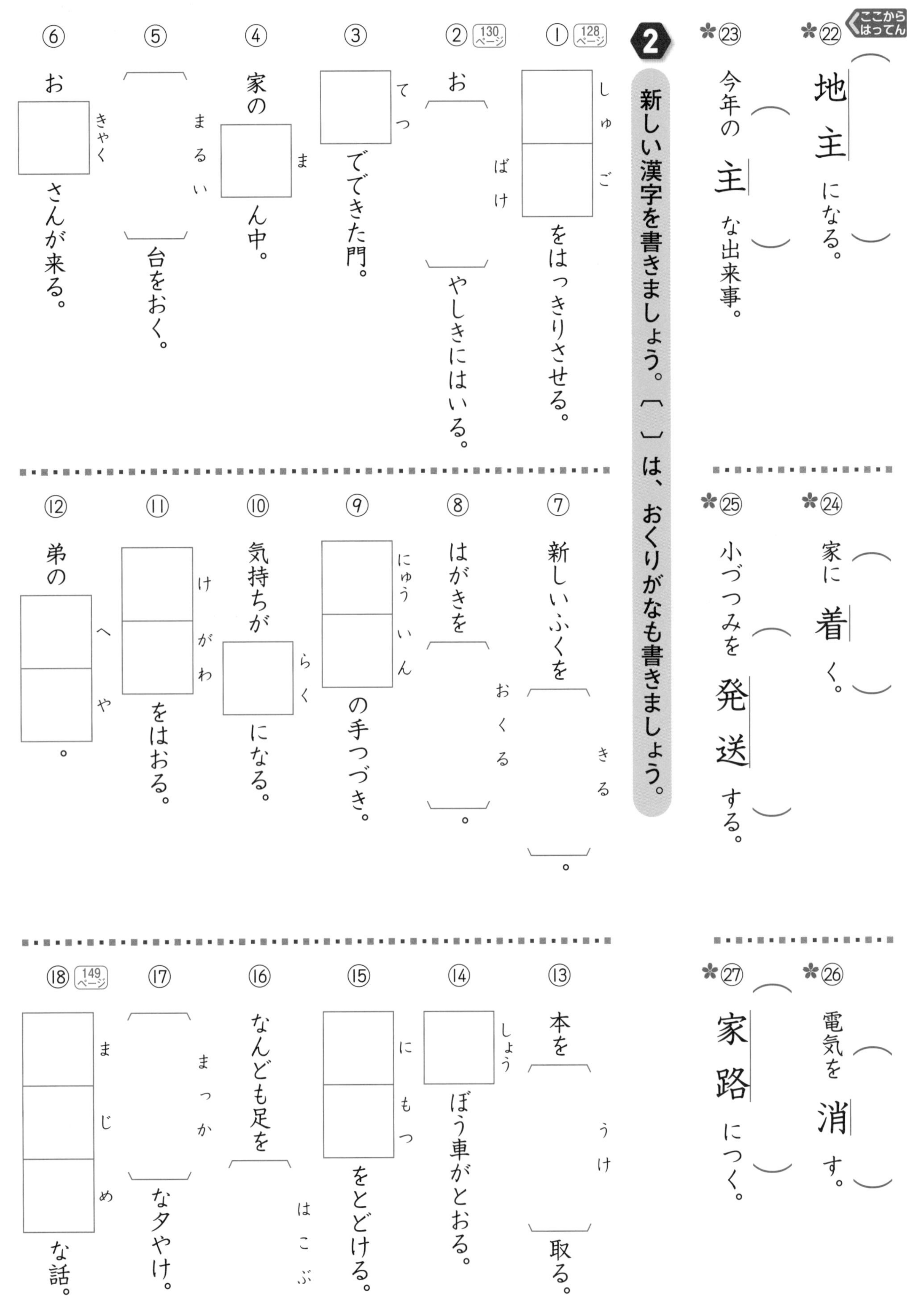

ここからはってん

✿㉒ 地主（　　）になる。

✿㉓ 今年の主（　　）な出来事。

✿㉔ 家に着（　　）く。

✿㉕ 小づつみを発送（　　）する。

✿㉖ 電気を消（　　）す。

✿㉗ 家路（　　）につく。

2 新しい漢字を書きましょう。〔　〕は、おくりがなも書きましょう。

①（128ページ） □□（しゅご）をはっきりさせる。

②（130ページ） お〔　　〕（ばけ）やしきにはいる。

③ □（てつ）でできた門。

④ 家の□（ま）ん中。

⑤ 〔　　〕（まるい）台をおく。

⑥ お□（きゃく）さんが来る。

⑦ 新しいふくを〔　　〕（きる）。

⑧ はがきを〔　　〕（おくる）。

⑨ □□（にゅういん）の手つづき。

⑩ 気持ちが□（らく）になる。

⑪ □□（けがわ）をはおる。

⑫ 弟の□□（へや）。

⑬ 本を〔　　〕（うけ）取る。

⑭ □（しょう）ぼう車がとおる。

⑮ □□（にもつ）をとどける。

⑯ なんども足を〔　　〕（はこぶ）。

⑰ 〔　　〕（まっか）な夕やけ。

⑱（149ページ） □□□（まじめ）な話。

✿の漢字は新出（しんしゅつ）漢字のべつの読み方です。

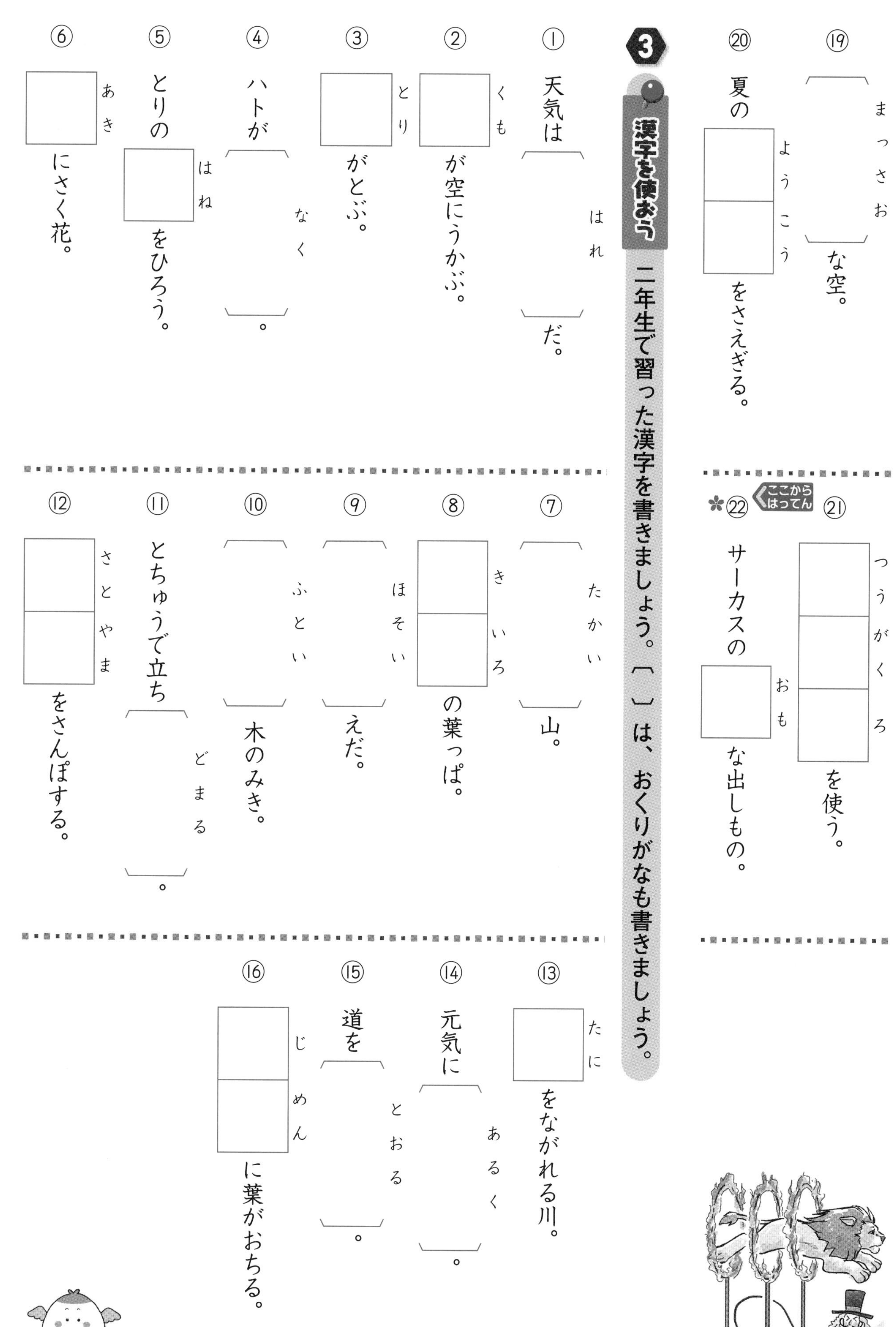

⑲ 〔まっさお〕な空。

⑳ 夏の□□(ようこう)をさえぎる。

㉑ □□□(つうがくろ)を使う。

✿㉒ ここから はってん サーカスの□(おも)な出しもの。

3 漢字を使おう

二年生で習った漢字を書きましょう。〔 〕は、おくりがなも書きましょう。

① 天気は〔はれ〕だ。

② □(くも)が空にうかぶ。

③ □(とり)がとぶ。

④ ハトが〔なく〕。

⑤ とりの□(はね)をひろう。

⑥ □(あき)にさく花。

⑦ 〔たかい〕山。

⑧ □□(きいろ)の葉っぱ。

⑨ 〔ほそい〕えだ。

⑩ 〔ふとい〕木のみき。

⑪ とちゅうで立ち〔どまる〕。

⑫ □□(さとやま)をさんぽする。

⑬ □(たに)をながれる川。

⑭ 元気に〔あるく〕。

⑮ 道を〔とおる〕。

⑯ □□(じめん)に葉がおちる。

きょうみを持ったことをしょうかいしよう

きほんのワーク

せっちゃくざいの今と昔（むかし）／道具のひみつをつたえよう／こそあど言葉／話したいな、すきな時間／漢字の読み方

教科書 下8～35ページ

べん強した日　月　日

◆「読み方」の赤い字は教科書で使われている読みです。●●はまちがえやすい漢字です。

せっちゃくざいの今と昔

昔（10ページ）ひへん 下を長く
読み方：（セキ）（シャク）　むかし
使い方：今と昔（むかし）・昔話（むかしばなし）・大昔（おおむかし）
8画

服（10ページ）つきへん はねる はらう はねる とめる
読み方：フク　—
使い方：体そう服（ふく）・洋服（ようふく）・和服（わふく）
8画

両（11ページ）いち 少しみじかく とめる はねる
読み方：リョウ　—
使い方：車両（しゃりょう）・両手（りょうて）・両親（りょうしん）
6画

軽（11ページ）●● くるまへん あける はらう 下を長く
読み方：ケイ　かるい・（かろやか）
使い方：軽食（けいしょく）・軽音楽（けいおんがく）　軽（かる）いけが
12画

具（12ページ）は 長く はらう とめる
読み方：グ　—
使い方：家具（かぐ）・道具（どうぐ）・絵の具（ぐ）
8画

温（14ページ）さんずい つき出す
読み方：オン　あたたか・あたたかい　あたたまる・あたためる
使い方：温度（おんど）・温室（おんしつ）・気温（きおん）　温（あた）かい食事
12画

14ページ

度

まだれ 度

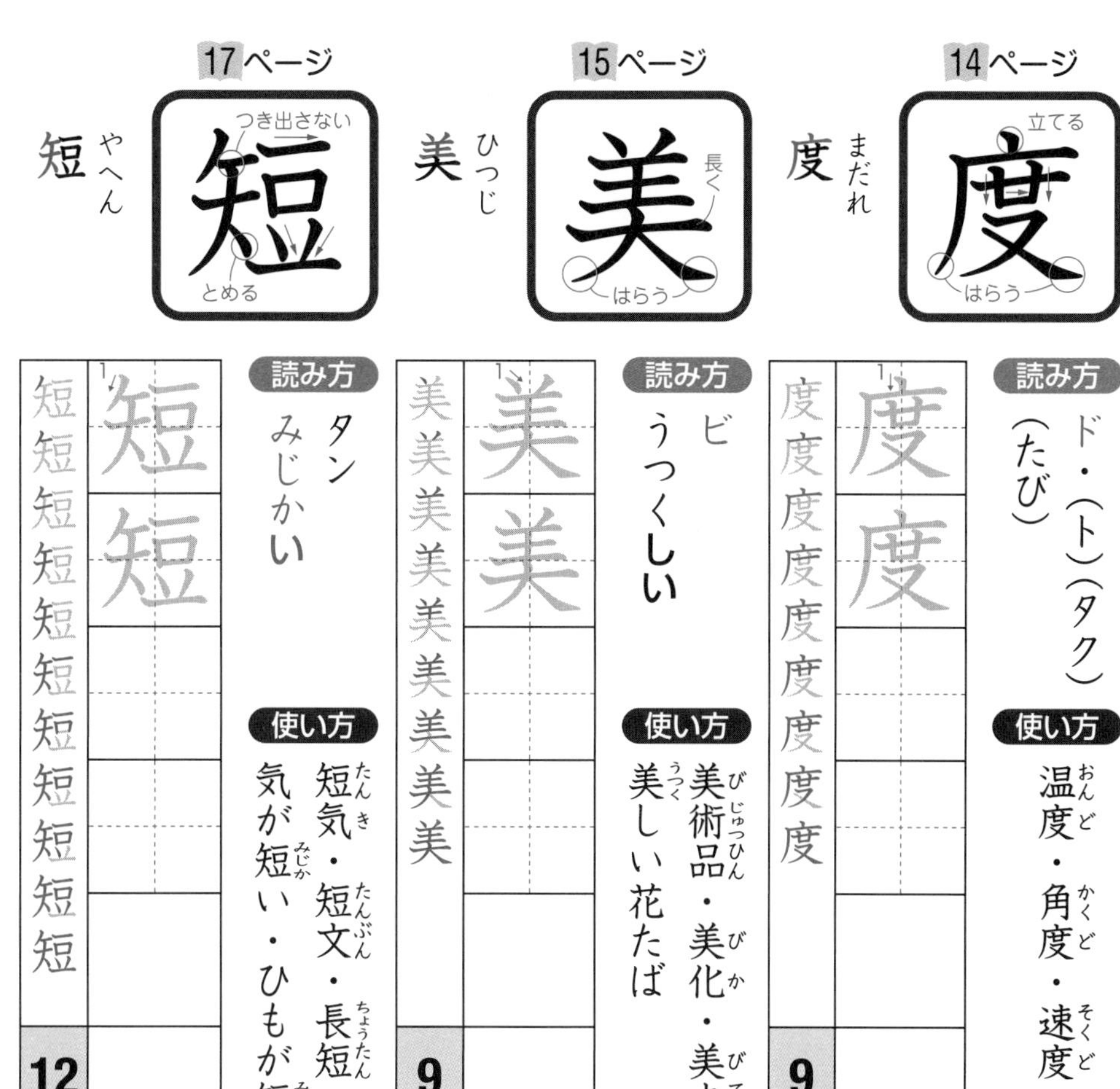

読み方
ド・（ト）（タク）
（たび）

使い方
温度(おんど)・角度(かくど)・速度(そくど)

9画

15ページ

美

ひつじ 美

読み方
ビ
うつく**しい**

使い方
美術品(びじゅつひん)・美化(びか)・美点(びてん)
美(うつく)しい花たば

9画

17ページ

短

やへん 短

読み方
タン
みじか**い**

使い方
短気(たんき)・短文(たんぶん)・長短(ちょうたん)
気が短(みじか)い・ひもが短(みじか)い

12画

送りがなにちゅうい。
○ 短(みじか)い
× 短かい
× 短じかい
送りがなは「い」だよ。

22ページ

整

のぶん ぼくにょう 整

読み方
セイ
ととの**える**・ととの**う**

使い方
整理(せいり)・体調を整(ととの)える
足なみが整(ととの)う

16画

28ページ

指

てへん 指

読み方
シ
ゆび・さ**す**

使い方
指定(してい)・指名(しめい)
親指(おやゆび)・指(さ)ししめす

9画

29ページ

植

きへん 植

読み方
ショク
う**える**・う**わる**

使い方
植物(しょくぶつ)・植林(しょくりん)
木を植(う)える

12画

29ページ

研

いしへん 研

読み方
ケン
（とぐ）

使い方
研究者(けんきゅうしゃ)・研修(けんしゅう)

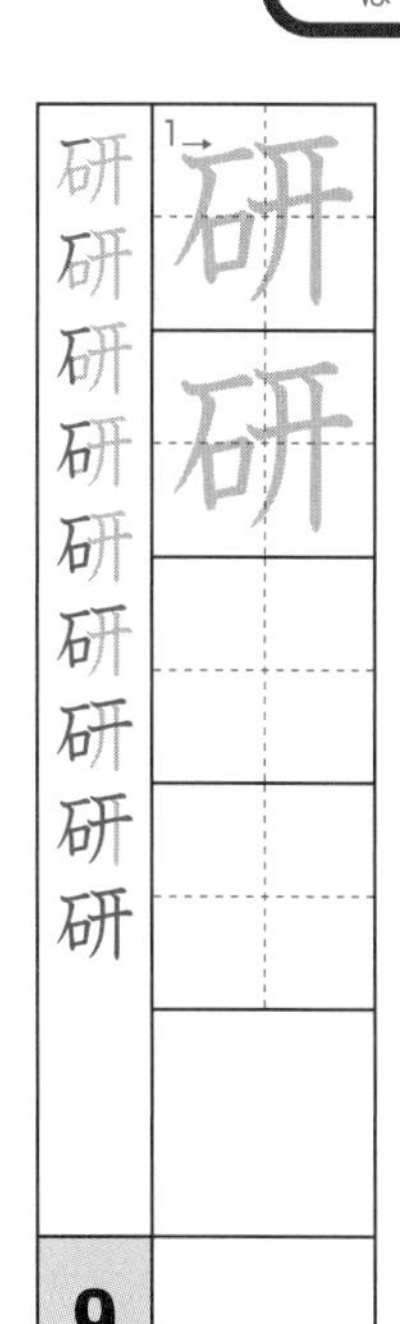

9画

ものしりメモ
①温い、②温かい、③温たかい、④美い、⑤美しい、⑥美くしい、⑦整う、⑧整のう、⑨整とのう。
送りがなが正しいものが分かるかな？　答え　②、⑤、⑦

29ページ

究 あなかんむり

究

立てる・はねる・とめる・はねる・まげる

読み方

キュウ
（きわめる）

使い方

研究者（けんきゅうしゃ）・究明（きゅうめい）・追究（ついきゅう）

7画

漢字のでき方。

「究」は、「穴」（あな）＋「九」（手がつかえる）からできているよ。「あなのおくに手がつかえるまでさぐる」ことから、「きわめる・つきつめる」という意味を表すよ。

でき方

話したいな、すきな時間

31ページ

深 さんずい

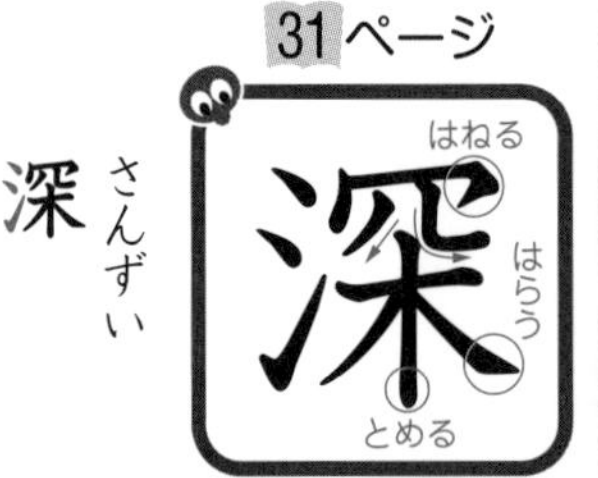

読み方

シン
ふかい・ふかまる
ふかめる

使い方

深海（しんかい）・深夜（しんや）・水深（すいしん）
深（ふか）いプール

11画

漢字の意味。

深

①ふかい。 れい 深海
②おくふかい。 れい 深遠
③てい度が大きい。 れい 深夜・深緑

漢字の意味

31ページ

代 にんべん

代

わすれない・はねる

読み方

ダイ・タイ
かわる・かえる
よ・（しろ）

使い方

時代（じだい）・代表（だいひょう）・交代（こうたい）
日直を代（か）わる・千代紙（ちよがみ）

5画

送りがなにちゅうい。

○ 代（か）わる
○ 代（か）える
× 代る

送りがなは「わる」「える」だよ。

ちゅうい！

漢字の読み方

34ページ

乗 はらいぼう の

乗

一番長く・はらう・とめる

読み方

ジョウ
のる・のせる

使い方

乗馬（じょうば）・バスに乗（の）る
車に乗（の）せる

9画

漢字の形にちゅうい。

× 乗 たての画を「㇒」の上につき出さない。
○ 乗 よこの画は左右につき出す。

ちゅうい！

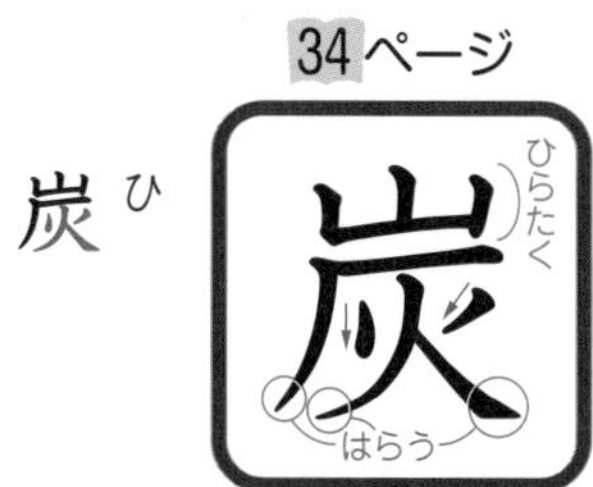

34ページ
炭 ひ

読み方
タン
すみ

使い方
木炭（もくたん）・石炭（せきたん）
炭（すみ）やき小屋（ごや）・炭火（すみび）

9画

34ページ
流 さんずい

読み方
リュウ・（ル）
ながれる・ながす

使い方
流星（りゅうせい）・水が流れる（なが）
なみだを流す（なが）

10画

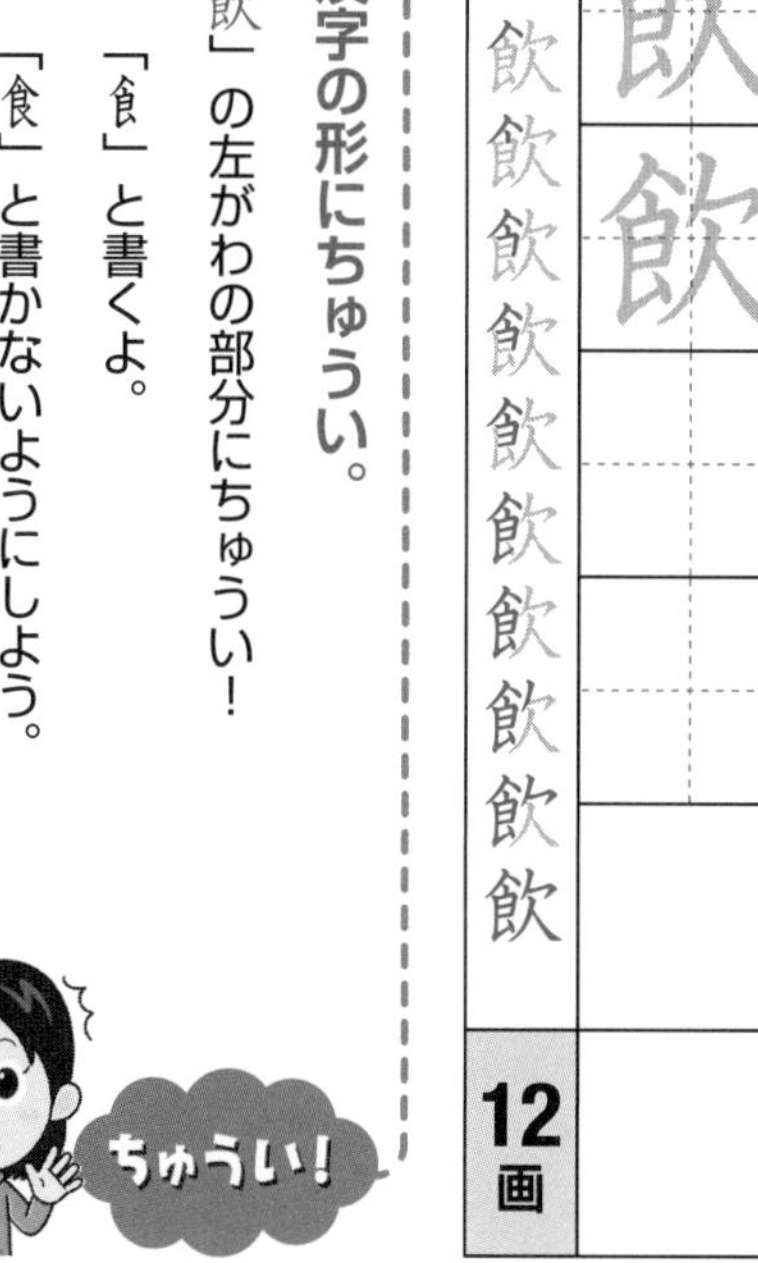

漢字の形にちゅうい。
「飲」の左がわの部分にちゅうい！
○「飠」と書くよ。
×「食」と書かないようにしよう。

ちゅうい！

34ページ
飲 しょくへん

読み方
イン
のむ

使い方
飲食店（いんしょくてん）・飲用水（いんようすい）
飲み水（の・みず）・薬（くすり）を飲む（の）

12画

35ページ
銀 かねへん

読み方
ギン
—

使い方
銀行（ぎんこう）・銀色（ぎんいろ）・金銀（きんぎん）

14画

35ページ
和 くち

読み方
ワ・（オ）
（やわらぐ）（やわらげる）
（なごむ）（なごやか）

使い方
平和（へいわ）・和室（わしつ）・和風（わふう）

8画

35ページ
平 かん・いちじゅう

読み方
ヘイ・ビョウ
たいら・ひら

使い方
平和（へいわ）・平気（へいき）・平等（びょうどう）
平（たい）らな場所・平泳ぎ（ひらおよ）

5画

読みかえの漢字

29ページ	34	34
細（サイ）	馬（バ）	頭（トウ）
細工（さいく）	乗馬（じょうば）	店頭（てんとう）

34	34	35
星（セイ）	雲（ウン）	用（もちいる）
星雲（せいうん）		用いる（もち）

35
池（チ）
電池（でんち）

ものしりメモ
色を表す漢字には何があるかな？
「黄」「赤」「白」「茶」「青」「黒」「緑」「銀」ほかにもあるよ。さがしてみてね。

きょうみを持ったことをしょうかいしよう

練習のワーク

せっちゃくざいの今と昔／道具のひみつをつたえよう こそあど言葉／話したいな、すきな時間／漢字の読み方

教科書 ㊦8～35ページ　答え 5ページ

べん強した日　月　日

1 新しい漢字を読みましょう。

① 8ページ 今と昔（　　）。
② 体そう服（　　）のゼッケン。
③ 車両（　　）の重(おも)さ。
④ 軽（　　）いざいりょう。
⑤ 家具（　　）を作る。
⑥ ゼラチンがとける温度（　　）。
⑦ 美術(じゅつ)（　　）品のしゅう理。

⑧ 短（　　）い文にまとめる。
⑨ 22ページ 調べたことを整理（　　）する。
⑩ 28ページ 場所を指（　　）ししめす。
⑪ 植物（　　）について学ぶ。
⑫ 研究者（　　）になる。
⑬ きれいな細工（　　）をほどこす。
⑭ 30ページ 深海（　　）の生きもの。

⑮ きょうりゅうがいた時代（　　）。
⑯ 34ページ 乗馬（　　）を体験(けん)する。
⑰ 飲食店（　　）に入る。
⑱ 店頭（　　）に商品(しょう)をならべる。
⑲ 星雲（　　）をかんさつする。
⑳ 流星（　　）の数を数える。
㉑ 木炭（　　）を運ぶ。

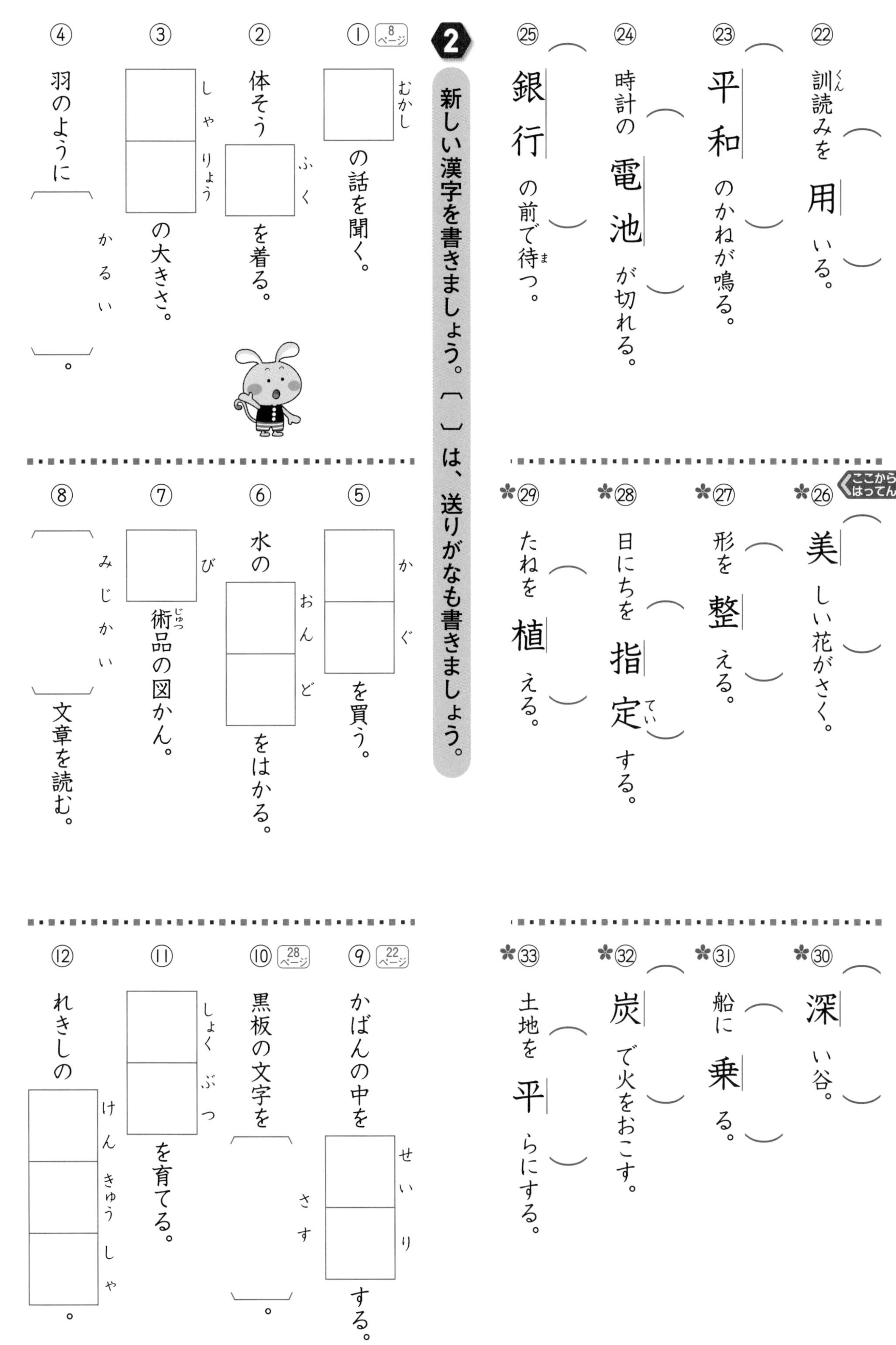

㉒ 訓(くん)読みを用（　　）いる。

㉓ 平和（　　）のかねが鳴る。

㉔ 時計の電池（　　）が切れる。

㉕ 銀行（　　）の前で待(ま)つ。

ここから はってん

✿㉖ 美（　　）しい花がさく。

✿㉗ 形を整（　　）える。

✿㉘ 日にちを指定(てい)（　　）する。

✿㉙ たねを植（　　）える。

✿㉚ 深（　　）い谷。

✿㉛ 船に乗（　　）る。

✿㉜ 炭（　　）で火をおこす。

✿㉝ 土地を平（　　）らにする。

2 新しい漢字を書きましょう。〔　〕は、送りがなも書きましょう。

① (8ページ) □(むかし)の話を聞く。

② 体そう□(ふく)を着る。

③ □□(しゃりょう)の大きさ。

④ 羽のように〔　　〕(かるい)。

⑤ □□(かぐ)を買う。

⑥ 水の□□(おんど)をはかる。

⑦ □(び)術(じゅつ)品の図かん。

⑧ 〔　　〕(みじかい)文章を読む。

⑨ (22ページ) かばんの中を□□(せいり)する。

⑩ (28ページ) 黒板の文字を〔　　〕(さす)。

⑪ □□(しょくぶつ)を育てる。

⑫ れきしの□□□(けんきゅうしゃ)。

✿の漢字は新出(しんしゅつ)漢字のべつの読み方です。

⑬ 竹で（さいく）をする。

⑭ 30ページ （しんかい）を泳ぐ魚。

⑮ （じだい）がかわる。

⑯ 34ページ （じょうば）を練習する。

⑰ （いんしょくてん）ではたらく。

⑱ （てんとう）に立つ。

⑲ 夜空にうかぶ（せいうん）。

⑳ 天文台で（りゅうせい）を見る。

㉑ （もくたん）を作る。

㉒ 漢字を（もちいる）。

㉓ （へいわ）にくらす。

㉔ リモコンの（でんち）を入れる。

㉕ （ぎんこう）のまど口。

✿㉖ ここからはってん （うつく）しいけしき。

✿㉗ バスに（の）る。

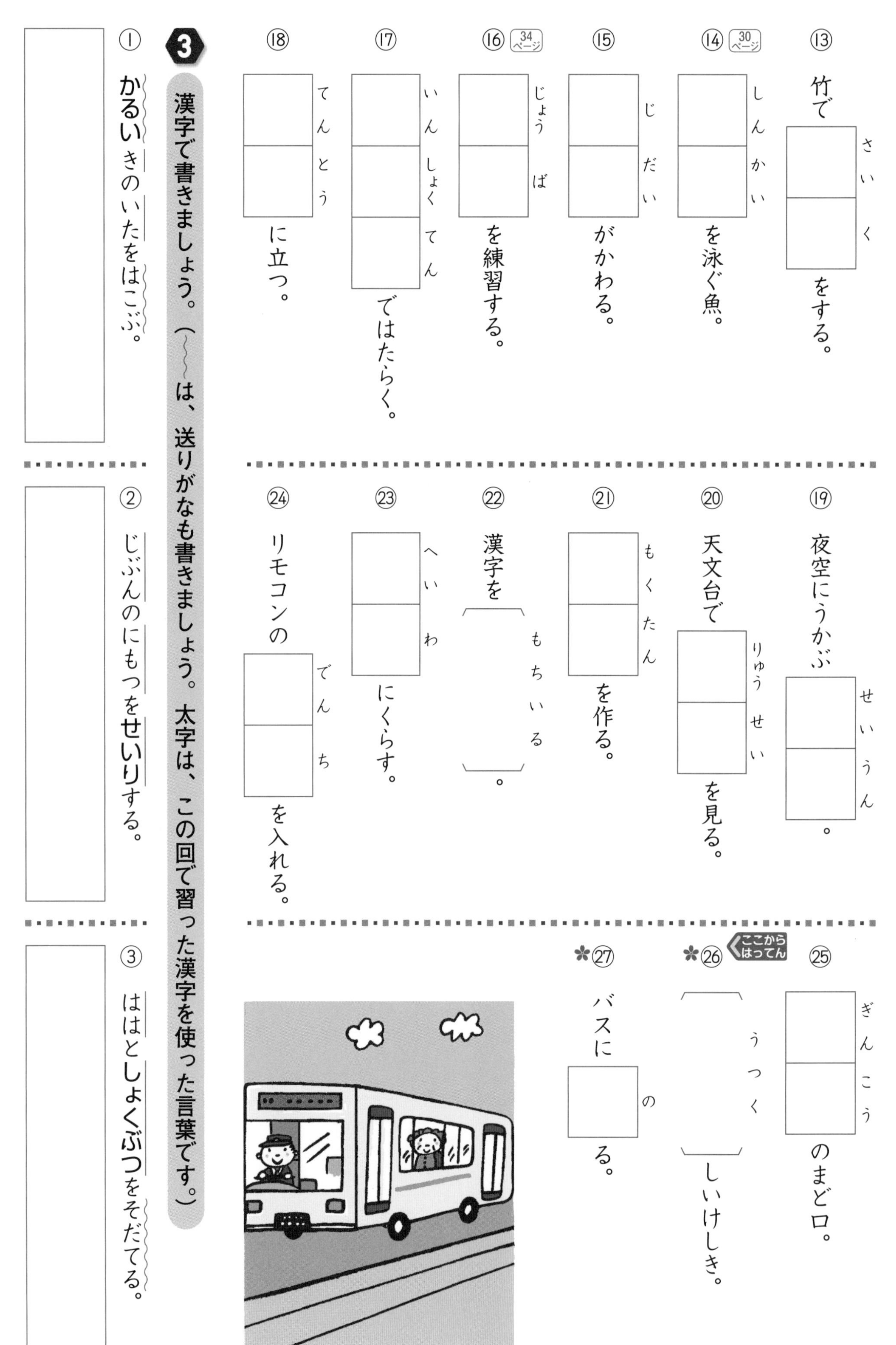

3 漢字で書きましょう。（〰は、送りがなも書きましょう。太字は、この回で習った漢字を使った言葉です。）

① **かるい**きのいたをはこぶ。

② じぶんのにもつを**せいり**する。

③ ははと**しょくぶつ**をそだてる。

きほんのワーク

モチモチの木／漢字を使おう6 人物の気持ちを表す言葉

教科書 下38〜59ページ

べん強した日　月　日

◆「読み方」の赤い字は教科書で使われている読みです。●はまちがえやすい漢字です。

モチモチの木

鼻（はな）　44ページ

読み方：（ビ）　はな

使い方：鼻(はな)ちょうちん　鼻歌(はなうた)・鼻声(はなごえ)

14画

神（しめすへん）　45ページ

読み方：シン・ジン　かみ　（かん）（こう）

使い方：神話(しんわ)・神社(じんじゃ)　神様(かみさま)

9画

祭（しめす）　45ページ

読み方：サイ　まつる・まつり

使い方：祭日(さいじつ)・文化祭(ぶんかさい)　神様を祭(まつ)る・お祭(まつ)り

11画

歯（は）　47ページ

読み方：シ　は

使い方：歯科医(しかい)・犬歯(けんし)　歯(は)が生える

12画

体に関係(かんけい)のある漢字。
目　鼻　口　歯　顔　頭
など、まだまだあるよ。さがしてみてね。
おぼえよう！

医（かくしがまえ）　47ページ

読み方：イ　—

使い方：医者(いしゃ)・医学(いがく)・校医(こうい)

7画

48ページ

坂

坂　つちへん

あける　はらう

読み方

（ハン）
さか

使い方

坂道(さかみち)・上り坂(ざか)

7画

坂坂坂坂坂坂坂

形のにている漢字。

坂　板　返

ちがうところにちゅういして書こうね。

ちゅうい！

49ページ

薬

薬　くさかんむり

長く　とめる　はらう

読み方

ヤク
くすり

使い方

薬草(やくそう)・薬品(やくひん)・薬局(やっきょく)
薬箱(くすりばこ)・薬(くすり)がきく

16画

薬薬薬薬薬薬薬薬薬薬薬

49ページ

箱

箱　たけかんむり

とめる

読み方

―
はこ

使い方

薬箱(くすりばこ)・筆箱(ふでばこ)・本箱(ほんばこ)

15画

箱箱箱箱箱箱箱箱箱箱箱

52ページ

湯

湯　さんずい

長く　はねる

読み方

トウ
ゆ

使い方

熱湯(ねっとう)
湯(ゆ)をわかす・湯気(ゆげ)

12画

湯湯湯湯湯湯湯湯湯湯湯湯

形のにている漢字。

湯　れい　せん湯に行く。

陽　れい　太陽の光。

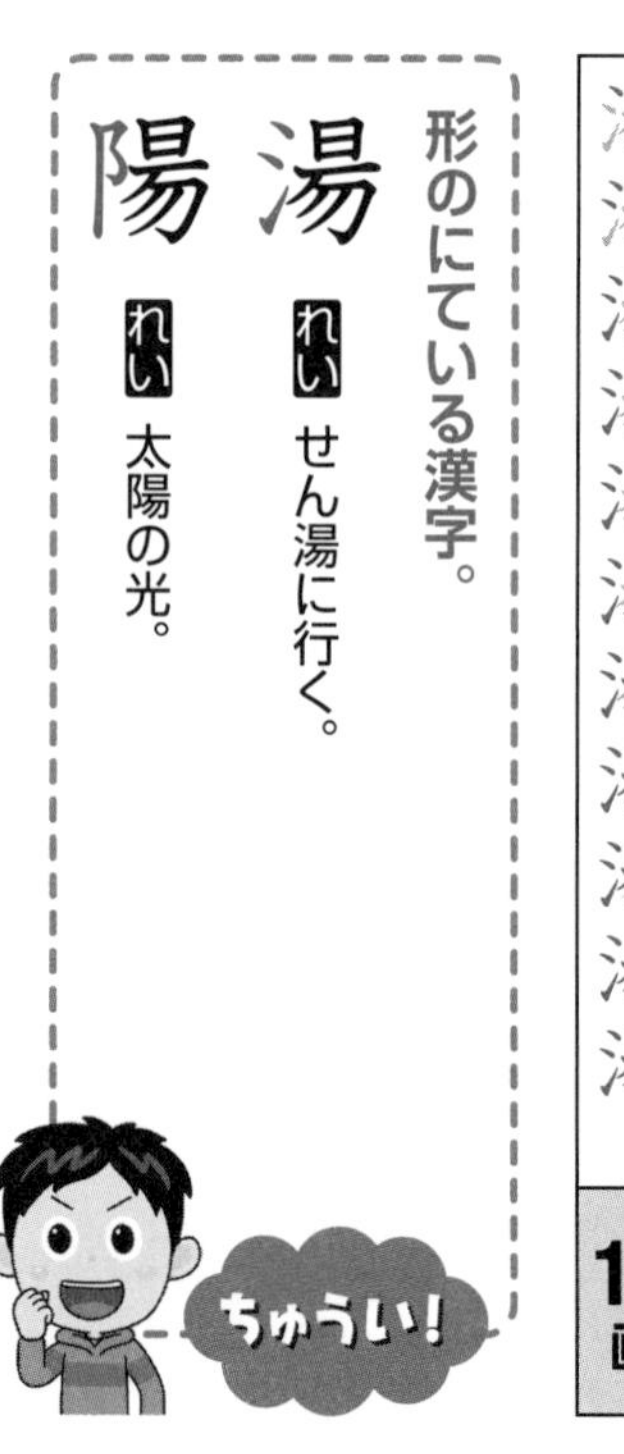

ちゅうい！

53ページ

他

他　にんべん

長く　はねる　まげる

読み方

タ
ほか

使い方

他人(たにん)・その他(た)
他(ほか)の意見

5画

他他他他他

54ページ

対

対　すん

立てる　はらう　とめる　はねる

読み方

タイ・（ツイ）
―

使い方

対決(たいけつ)・対立(たいりつ)・反対(はんたい)
てきに対(たい)する

7画

対対対対対対対

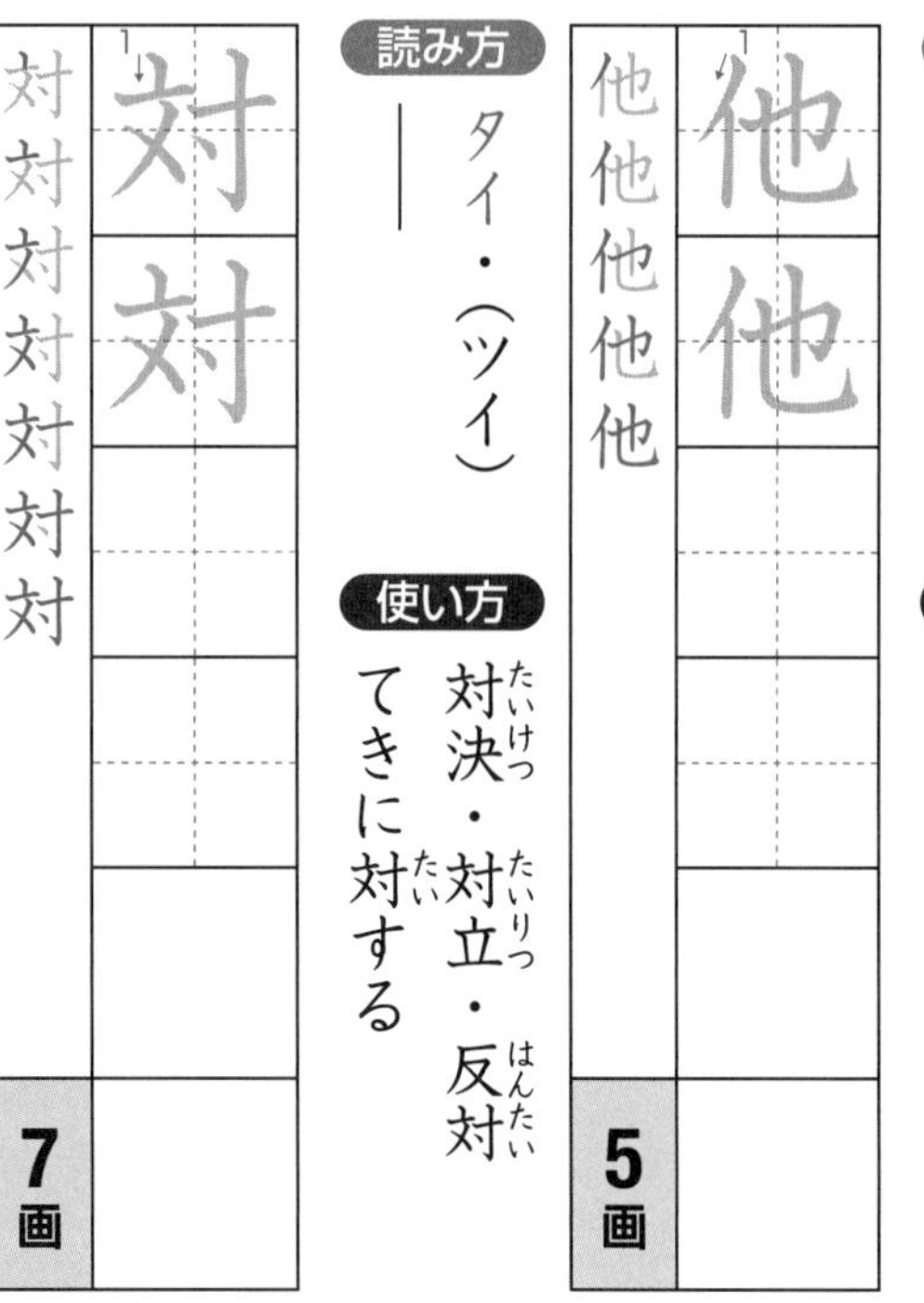

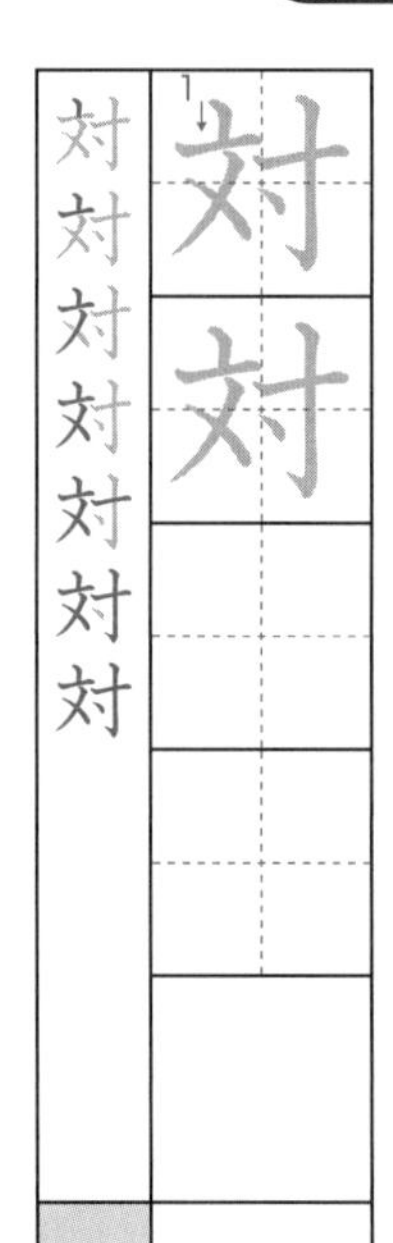

洋

57ページ

洋　さんずい

洋（つき出さない・一番長く）

読み方　ヨウ　—

使い方　洋服（ようふく）・洋室（ようしつ）・洋食（ようしょく）

9画

湖

57ページ

湖　さんずい

湖（つける・はねる・はらう）

読み方　コ　みずうみ

使い方　湖水（こすい）　広い湖（みずうみ）

12画

酒

57ページ

酒　ひよみのとり

酒（まげる・はらう）

読み方　シュ　さけ・さか

使い方　日本酒（にほんしゅ）・ぶどう酒（しゅ）　お酒（さけ）を飲む・酒屋（さかや）

10画

油

57ページ

油　さんずい

油（つき出す・つき出さない）

読み方　ユ　あぶら

使い方　石油（せきゆ）・油田（ゆでん）・原油（げんゆ）　油（あぶら）をさす・油（あぶら）あげ

8画

拾

57ページ

拾　てへん

拾（つける・はらう・はねる・よこに書く）

読み方　（シュウ）（ジュウ）　ひろう

使い方　石を拾（ひろ）う・拾（ひろ）い物　拾（ひろ）い出す

9画

漢字のでき方。

拾

「扌」（手）＋「合」（あつめること）「手でひろいあつめる」という意味を表しているよ。

人物の気持ちを表す言葉

羊

58ページ

羊　ひつじ

羊（つき出さない・一番長く）

読み方　ヨウ　ひつじ

使い方　羊毛（ようもう）　羊（ひつじ）をかう・羊雲（ひつじぐも）

6画

読みかえの漢字

57ページ

里（り）　きょう里（り）

ものしりメモ　「酉」（ひよみのとり）は「酒を入れるつぼ」の形を表していて、酒に関（かん）係のある漢字につくよ。「酒」は「氵」（さんずい）ではなく「酉」の漢字の仲（なか）間だよ。

想ぞうしたことをつたえ合おう

練習のワーク

モチモチの木／漢字を使おう6 人物の気持ちを表す言葉

教科書 ㊦38～59ページ

答え 5ページ

べん強した日　月　日

1 新しい漢字を読みましょう。

① 38ページ （　）鼻 ぢょうちんを出す。

② 山の （　）神様 にいのる。

③ お （　）祭 りを楽しむ。

④ （　）歯 を食いしばる。

⑤ （　）医者 をよぶ。

⑥ 下りの （　）坂道。

⑦ （　）薬箱 を持つ。

⑧ （　）湯 をわかす。

⑨ （　）他人 がおどろく。

⑩ 相手に （　）対 する思い。

⑪ 57ページ （　）洋服 を着る。

⑫ （　）湖 で泳ぐ。

⑬ お （　）酒 を買う。

⑭ （　）日本酒 を飲む。

⑮ 肉を （　）油 でいためる。

⑯ （　）石油 ストーブ。

⑰ きょう （　）里 に帰る。

⑱ かわらで石を （　）拾 う。

⑲ 58ページ （　）羊 のえさやりをする。

✿⑳ ここからはってん （　）神話 を読む。

✿㉑ （　）神社 におまいりする。

✿の漢字は新出漢字のべつの読み方です。

㉒（文化祭）を開く。

㉓とがった犬歯（けん）。

㉔（薬局）に向かう。

㉕熱湯（ねっ）をかける。

㉖（他）の意見を聞く。

㉗ボートが（湖水）にうかぶ。

㉘（酒屋）に行く。

㉙（羊毛）をかる。

2 新しい漢字を書きましょう。〔　〕は、送りがなも書きましょう。

① 38ページ □（はな）ぢょうちんをふくらませる。

② □□（かみさま）におねがいをする。

③ お〔　〕（まつり）にさんかする。

④ □（は）をみがく。

⑤ □□（いしゃ）にかかる。

⑥ □□（さかみち）を上る。

⑦ □□（くすりばこ）を用意する。

⑧ 茶わんにお□（ゆ）をそそぐ。

⑨ 赤の□□（たにん）。

⑩ 妹に□（たい）する思いやり。

⑪ 57ページ □□（ようふく）をたたむ。

⑫ □（みずうみ）のまわりをさんぽする。

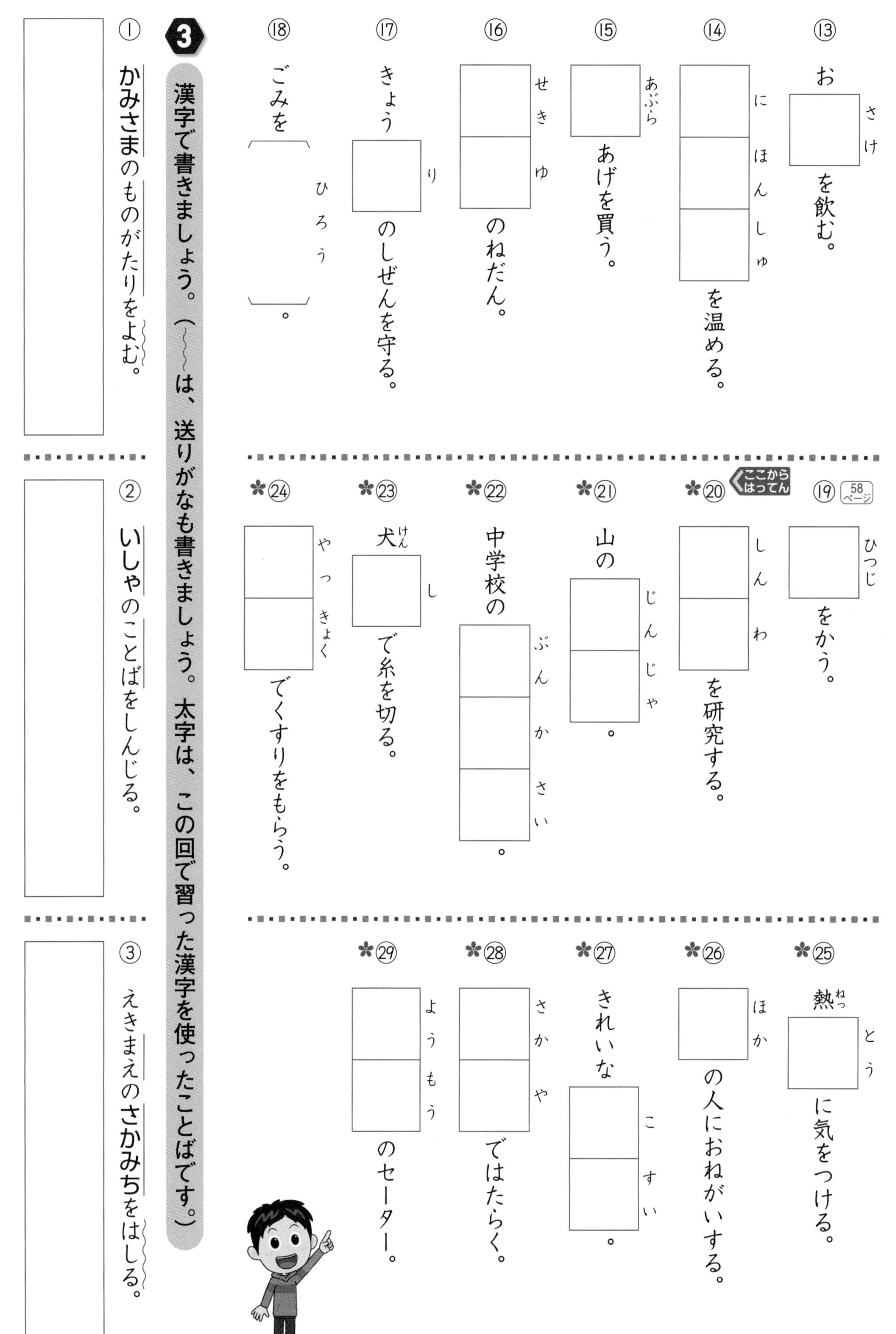

⑬ お［さけ］を飲む。

⑭ ［にほんしゅ］を温める。

⑮ ［あぶら］あげを買う。

⑯ ［せきゆ］のねだん。

⑰ きょう［り］のしぜんを守る。

⑱ ごみを［ひろう］。

⑲ 58ページ ［ひつじ］をかう。

ここから はってん

✿⑳ ［しんわ］を研究する。

✿㉑ 山の［じんじゃ］。

✿㉒ 中学校の［ぶんかさい］。

✿㉓ 犬(けん)［し］で糸を切る。

✿㉔ ［やっきょく］でくすりをもらう。

✿㉕ 熱(ねっ)［とう］に気をつける。

✿㉖ ［ほか］の人におねがいする。

✿㉗ きれいな［こすい］。

✿㉘ ［さかや］ではたらく。

✿㉙ ［ようもう］のセーター。

3 漢字で書きましょう。（〰は、送りがなも書きましょう。太字は、この回で習った漢字を使ったことばです。）

① **かみさま**の**ものがたり**をよむ。

② **いしゃ**の**ことば**を**しんじる**。

③ えきまえの**さかみち**をはしる。

④ くすりばこをせいりする。

⑤ みずうみにちかいばしょにすむ。

⑥ あぶらであげたさかなをたべる。

⑦ もりできのみをひろう。

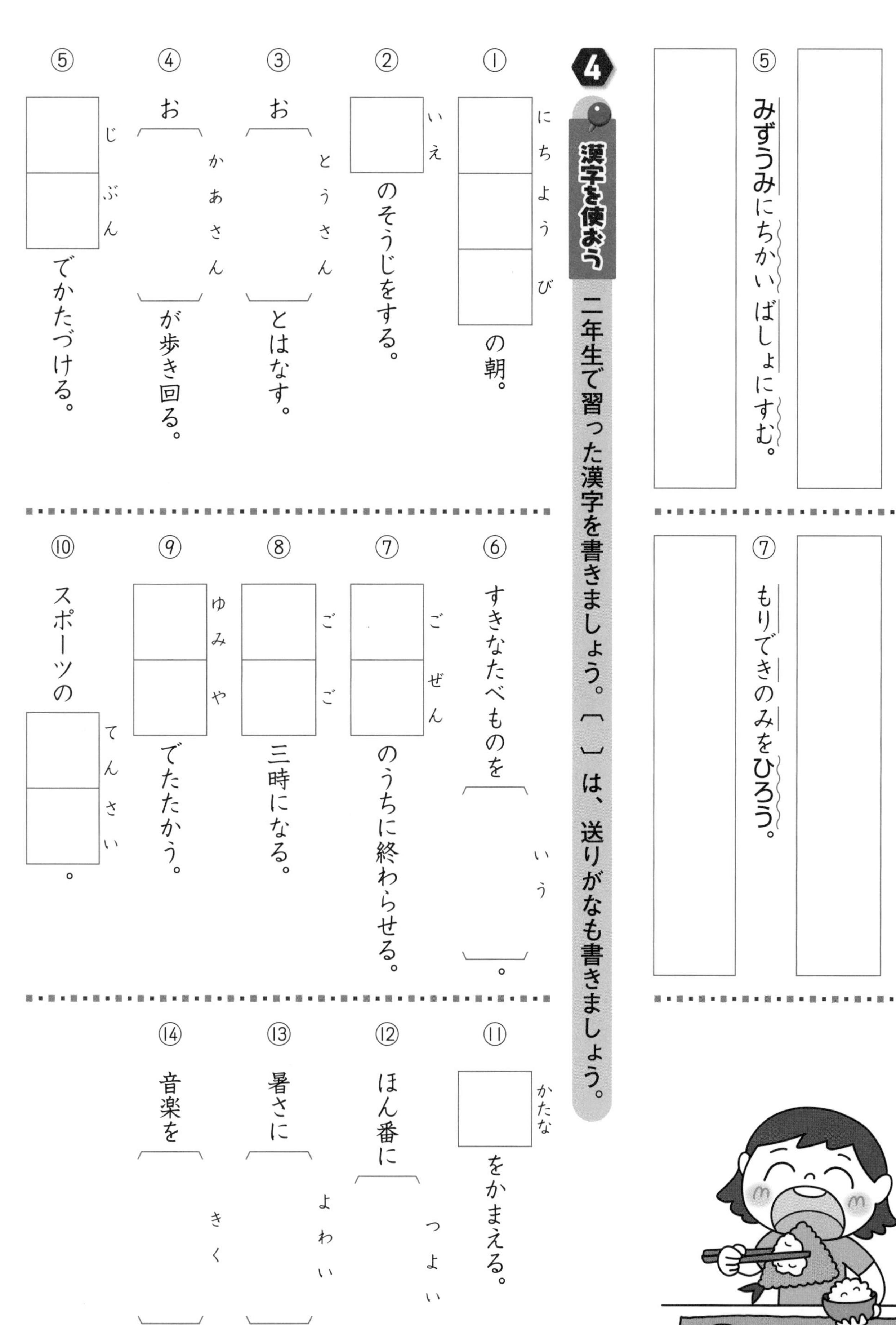

4 漢字を使おう

二年生で習った漢字を書きましょう。〔　〕は、送りがなも書きましょう。

① □□□（にちようび）の朝。

② □（いえ）のそうじをする。

③ お〔　　〕（とうさん）とはなす。

④ お〔　　〕（かあさん）が歩き回る。

⑤ □□（じぶん）でかたづける。

⑥ すきなたべものを〔　　〕（いう）。

⑦ □□（ごぜん）のうちに終わらせる。

⑧ □□（ごご）三時になる。

⑨ □□（ゆみや）でたたかう。

⑩ スポーツの□□（てんさい）。

⑪ □（かたな）をかまえる。

⑫ ほん番に〔　　〕（つよい）。

⑬ 暑さに〔　　〕（よわい）。

⑭ 音楽を〔　　〕（きく）。

きほんのワーク

いろいろなつたえ方
本から発見したことをつたえ合おう／漢字を使おう7

教科書 下60～68ページ

勉強した日　月　日

◆「読み方」の赤い字は教科書で使われている読みです。◆はまちがえやすい漢字です。

いろいろなつたえ方

62ページ

駅　うまへん

（はじめに書く・点のむき・はらう・はねる）

読み方　エキ　―

使い方　駅で電車を待つ　駅員・駅長・駅前

14画

ちゅうい！
「駅」の筆じゅん。
「駅」の六画目までは、
「駅 駅 駅 駅 駅 駅」と書くよ。
とくに筆じゅんに気をつけて書こう。

62ページ

港　さんずい

（下を長く・はらう・あける・はねる）

読み方　コウ　みなと

使い方　空港・出港・入港　港町

12画

62ページ

界　た

（つける・はらう・とめる）

読み方　カイ　―

使い方　世界共通・生物界

9画

ちゅうい！
漢字の形にちゅうい。
港
「巳」の部分は、
「己 己 巳」と書くよ。
×「乙」「已」と書かないようにね。

でき方
漢字のでき方。
「田」＋「八」（分かれる）＋「人」。
「人が田を分ける」ことから、「さかい・区切り」
「さかいの中・はんい」という意味を表すよ。

64ページ

期 つき

読み方 キ・（ゴ）

使い方 二学期（にがっき）・期間（きかん）・期待（きたい）

12画

漢字の意味
漢字の意味。
期
①とき。月の区切り。
れい 期間・期日・長期
②あてにする。
れい 期待（きたい）・予期（よき）

64ページ

勉 ちから

はねる

読み方 ベン

使い方 勉強（べんきょう）・勉学（べんがく）

10画

おぼえよう！

「力」のつく漢字。

「力」（ちから）は、力のはたらきや力を使うことに関係（かん）のある漢字につくよ。

「力」のつく漢字…助　動　勉　など。

68ページ

級 いとへん

一画
はらう
とめる
はらう

読み方 キュウ

使い方 進級（しんきゅう）・級友（きゅうゆう）・学級（がっきゅう）

9画

ちゅうい！

「級」の筆じゅん。

「級」の右がわの部分は、「及及及」と書くよ。

「乃」の部分は一画で書くよ。

68ページ

式 しきがまえ

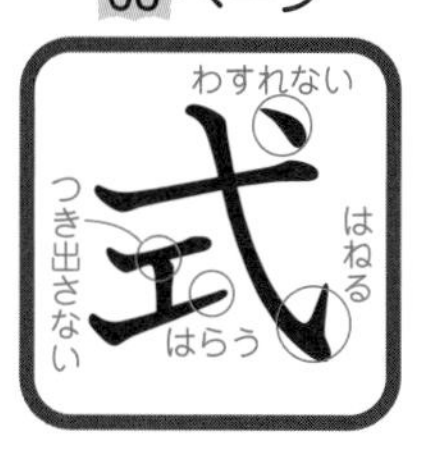

読み方 シキ

使い方 入学式（にゅうがくしき）・形式（けいしき）

6画

ちゅうい！

漢字の形にちゅうい。
○ 式 点をわすれないように。
× 弍 よぶんな線を書かないように。

ものしりメモ
「駅」には次の意味があるよ。　①電車が止まる所　②昔の宿場（しゅくば）
（れい）①駅長・終着駅　②駅伝（でん）

68ページ

列　りっとう

はらう　とめる　はねる

読み方　レツ

使い方　整列（せいれつ）・列車（れっしゃ）・行列（ぎょうれつ）

6画

漢字の意味。
列
①長くならぶ。　れい　行列・配列
②じゅんじょ。　れい　序列（じょれつ）・同列
③加（くわ）える。　れい　列席（れっせき）・参列（さんれつ）

漢字の意味

68ページ

予　はねぼう

読み方　ヨ

使い方　予習（よしゅう）・予想（よそう）・予定（よてい）

4画

漢字の意味。
「予」には、「あらかじめ。かねて。前もって。」という意味があるよ。
「予」を使った言葉…予感　予言　予習　など。

漢字の意味

68ページ

談　ごんべん

はらう

読み方　ダン

使い方　相談（そうだん）・対談（たいだん）・面談（めんだん）

15画

漢字のでき方。
「言」（言葉）＋「炎」（おだやか）。
「おだやかな気持ちで語り合う」という意味を表すよ。

でき方

68ページ

反　また

はらう

読み方　ハン・（ホン）（タン）　**そ**る・**そ**らす

使い方　反対（はんたい）・反感（はんかん）・反（はん）する
紙が反（そ）る・体を反（そ）らす

4画

読みかえの漢字

60ページ	
声　セイ	音声（おんせい）
61	
同　ドウ	同時（どうじ）
63	
読　トウ	読点（とうてん）

ものしりメモ　「反」には次の意味があるよ。　①ひっくりかえる　②さからう　③もとにもどる・ふりかえる
（れい）①反転（てん）　②反発　③反省（せい）・反ぷく横とび

練習のワーク

いろいろなつたえ方
本から発見したことをつたえ合おう／漢字を使おう7

教科書 下60～68ページ　答え 5ページ

勉強した日　月　日

1 新しい漢字を読みましょう。

① 60ページ 言葉を（　　）音声で表す。
② 口を（　　）同時に動かす。
③ （　　）駅に人が集まる。
④ （　　）空港で使われる絵文字。
⑤ （　　）世界共通の記号。
⑥ 句点や（　　）読点の使い方。
⑦ 64ページ（　　）二学期が始まる。

⑧ 理科の（　　）勉強をする。
⑨ 68ページ 四年生に（　　）進級する。
⑩ 両親と（　　）入学式に出る。
⑪ 校ていに（　　）整列する。
⑫ 来週の（　　）予習をする。
⑬ 友人に（　　）相談する。
⑭ （　　）反対意見を聞く。

ここからはってん

✿⑮ 船が（　　）港に着く。
✿⑯ 体を（　　）反らす。

✿の漢字は新出漢字のべつの読み方です。

2 新しい漢字をかきましょう。

① 60ページ　ラジオから流れる［おんせい］。

② ［どうじ］にゴールする。

③ ［えき］に電しゃが来る。

④ ［くうこう］にいく。

⑤ ［せかい］の平和を守る。

⑥ 文に［とうてん］を打つ。

⑦ 64ページ　［にがっき］の目ひょう。

⑧ こくごの［べんきょう］。

⑨ 68ページ　［しんきゅう］をいわう。

⑩ ［にゅうがくしき］の日。

⑪ ［せいれつ］して待(ま)つ。

⑫ さんすうの［よしゅう］をする。

⑬ 兄に［そうだん］する。

⑭ 考えに［はんたい］する。

ここからはってん

✿⑮ 船が［みなと］にはいる。

✿⑯ むねを［そ］らす。

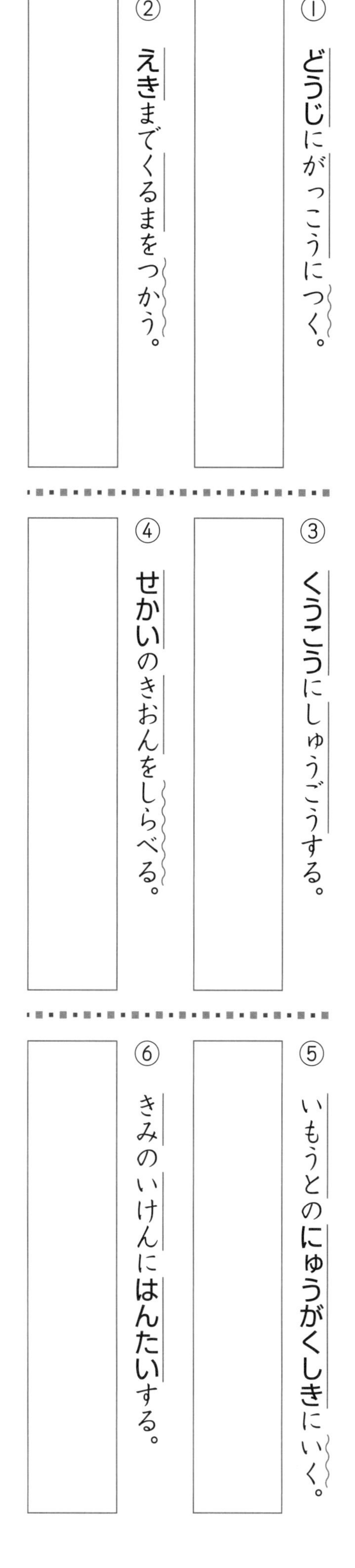

3 漢字でかきましょう。（〰は、送りがなもかきましょう。太字は、この回でならった漢字をつかった言葉です。）

① **どうじ**に**がっこう**に**つく**。

② **えき**まで**くるま**を**つかう**。

③ **くうこう**に**しゅうごう**する。

④ **せかい**の**きおん**を**しらべる**。

⑤ いもうとの**にゅうがくしき**に**いく**。

⑥ きみの**いけん**に**はんたい**する。

4 漢字を使おう

に年せいでならった漢字をかきましょう。〔 〕は、送りがなもかきましょう。

① □□（りか）の実けん。

② □（かぜ）がふく。

③ □□（さんすう）の問題。

④ □□□（さんかくけい）の面せき。

⑤ 正しい〔 （こたえ） 〕。

⑥ □□（けいさん）が速い。

⑦ □□（こくご）のノート。

⑧ 本を〔 （よむ） 〕。

⑨ 漢字を〔 （かく） 〕。

⑩ □□（しゃかい）のじゅぎょう。

⑪ 毎日の□□（せいかつ）。

⑫ □（し）の人口（こう）がふえる。

冬休みまとめのテスト❶

教科書 上110～下68ページ

答え 6ページ

時間20分

とく点 /100点

勉強した日 月 日

1 ――線の漢字の読み方を書きましょう。 一つ2（28点）

① 投球（　）されたボールを打（　）つ。

② 毛皮（　）のコートを着（　）る。

③ 大きな荷物（　）を家に送（　）る。

④ 真っ赤（　）な消（　）ぼうしゃが走る。

⑤ 今と昔（　）の体そう服（　）をくらべる。

⑥ 小さく軽（　）い家具（　）をつくる。

⑦ 短（　）い時間で水の温度（　）を上げる。

2 □は漢字を、〔　〕は漢字と送りがなを書きましょう。 一つ2（28点）

① □（がっ）しょうの曲。

② 会長の□（やく）わり。

③ 実力で〔かつ〕。

④ □□（やね）の上。

⑤ □□（しゅご）を書く。

⑥ お〔ばけ〕やしき。

⑦ □（てつ）のこうし戸。

⑧ □□（にゅういん）する。

⑨ 〔うけ〕取る。

⑩ いすを〔はこぶ〕。

⑪ まぶしい□□（ようこう）。

⑫ □□□（つうがくろ）。

⑬ バスの□□（しゃりょう）。

⑭ つくえの□□（せいり）。

3 ――線の言葉を、漢字と送りがなで書きましょう。 一つ2（12点）

① うつくしい花がさく。

② さいふをおとす。

③ 小川がながれる。

④ ひざを前にすすめる。

⑤ ならいごとにかよう。

⑥ 友人をたすける。

4 住所にかん係のある漢字を、□に書きましょう。 一つ2（12点）

① 都道府（ふ）□（けん）。

② □□□□（しくちょうそん）。

③ 一□（ちょう）目。

5 ――線の漢字の読み方を書きましょう。 一つ2（20点）

① 雲
1 大きな星雲。（　）
2 空にうかぶ雲。（　）

② 太
1 太ようのひかり。（　）
2 太い柱。（　）

③ 馬
1 乗馬を楽しむ。（　）
2 馬に乗る。（　）

④ 池
1 電池が切れる。（　）
2 池の中の生物。（　）

⑤ 細
1 ガラスに細工をする。（　）
2 細かい作業。（　）

冬休み まとめのテスト❷

教科書 ㊤110～㊦68ページ

答え 6ページ

時間 20分

とく点 ／100点

勉強した日 月 日

1 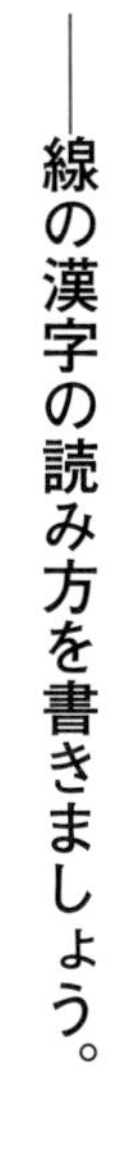
――線の漢字の読み方を書きましょう。 一つ2（28点）

① 植物（　　）のたねを指（　　）ししめす。

② 飲食店（　　）のとなりに銀行（　　）がある。

③ 他人（　　）に対（　　）する思いやりの心。

④ 油（　　）でいためてからお酒（　　）をくわえる。

⑤ 空港（　　）に一番近い駅（　　）を使う。

⑥ 二学期（　　）に勉強（　　）した内よう。

⑦ 予習（　　）するページを友人と相談（　　）する。

2 □に漢字を書きましょう。 一つ2（28点）

① □□□（けんきゅうしゃ）。

② □□（しんかい）の魚。

③ □□（もくたん）をもやす。

④ □（はな）ぢょうちん。

⑤ 山の□□（かみさま）。

⑥ □（は）を食いしばる。

⑦ お□□（いしゃ）さま。

⑧ □□（さかみち）を上る。

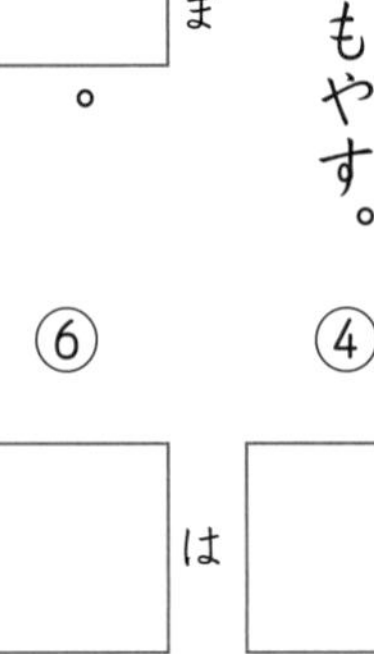

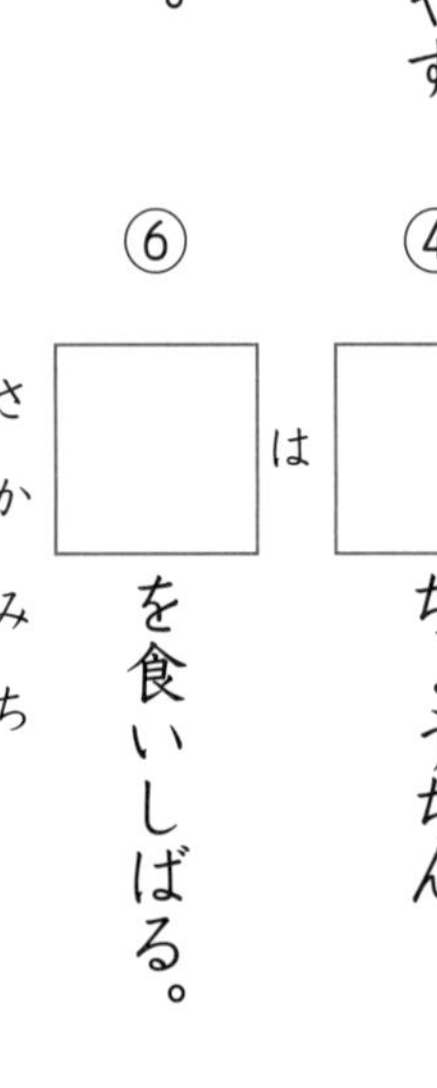

⑨ □□（くすりばこ）を持つ。

⑩ しずかな□（みずうみ）。

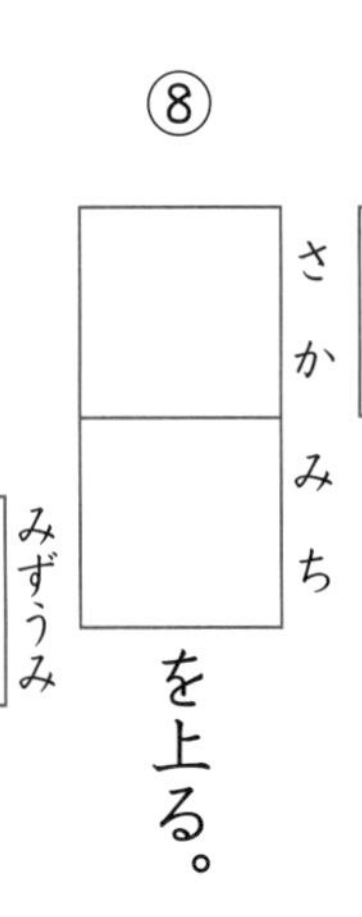

⑪ きょう□（り）に帰る。

⑫ □□（せかい）共通。

⑬ □□□（にゅうがくしき）。

⑭ □□（せいれつ）する。

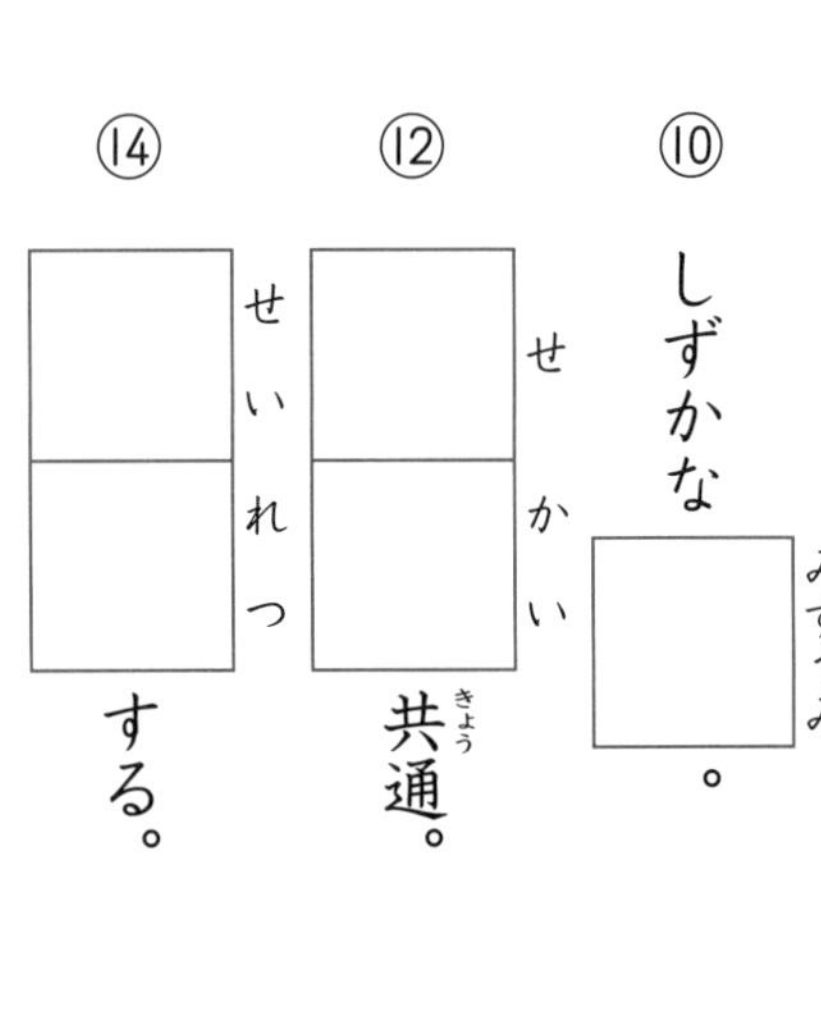

3 ――線の言葉を、漢字と送りがなで書きましょう。 一つ2（12点）

① 落ち葉をひろう。

② りょう理をあじわう。

③ かみさまをまつる。

④ 黒い色のペンをもちいる。

⑤ せなかをそらす。

⑥ しあいでまける。

4 次の漢字の赤い部分は、何画目に書きますか。（　）に数字を書きましょう。 一つ3（6点）

① 級（　　）画目

② 乗（　　）画目

5 □に同じ部分をもつ漢字を書きましょう。 一つ2（14点）

① お□（ゆ）を□（あたた）める。

② □（よう）毛を使った□（うつく）しい服。

③ お□（きゃく）さまの□（あん）心を□（まも）る。

6 次の漢字の三通りの読み方を書きましょう。 一つ2（12点）

① 代

1 千代（ち）紙をおる。（　　）

2 時代の変（へん）化を知る。（　　）

3 ピッチャーが代わる。（　　）

② 平

1 平等（どう）に分ける。（　　）

2 平らな道を歩く。（　　）

3 平泳ぎで進む。（　　）

生き物についての考えを深めよう

きほんのワーク

俳句に親しもう／カミツキガメは悪者か／漢字を使おう8／道具のうつりかわりを説明しよう

教科書 下70～106ページ

勉強した日　月　日

俳句に親しもう

70ページ

注（さんずい）8画
読み方：チュウ、そそぐ
使い方：注意・注文、川が海に注ぐ

形のにている漢字。
注　住　柱
「氵」（水）を注ぐ、「亻」（人）が住む、「木」（木）の柱、とおぼえよう。
おぼえよう！

75ページ

暗（ひへん）13画
読み方：アン、くらい
使い方：暗唱・暗記・暗算、室内が暗い

カミツキガメは悪者か

78ページ

悪（こころ）11画
読み方：アク・（オ）、わるい
使い方：悪意・悪人・悪友、悪者・天気が悪い

漢字のでき方。
「日」（日・光）＋「音」（かくれる・かげ）。
日がかくれて光がなくなりかげとなることから、「くらい」という意味を表すよ。
でき方

漢字の形に注意。
悪　上の部分は「西」ではなく「亜」だよ。
七画目の横ぼうをわすれないでね。

80ページ

岸

岸 やま

はらう　下を長く

読み方
ガン
きし

使い方
海岸(かいがん)・対岸(たいがん)
岸(きし)に波(なみ)がよせる

8画

同じ音読みで形のにている漢字。
岸(ガン) れい 海岸
岩(ガン) れい 岩石

注意！

85ページ

放

放 のぶん ぼくにょう

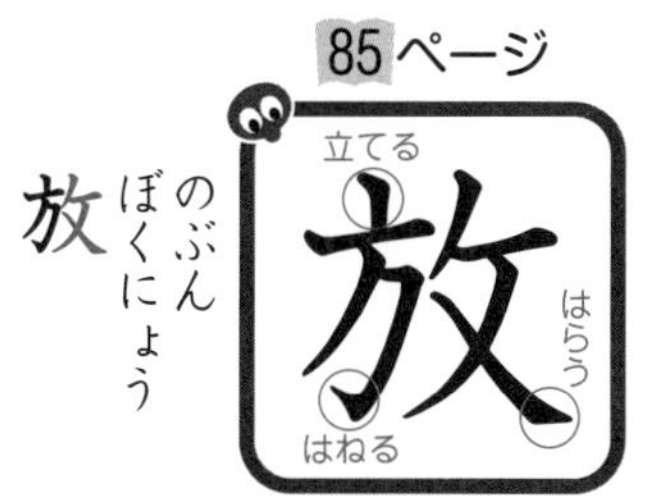

読み方
ホウ
はな**す**・はな**つ**
はな**れる**・ほう**る**

使い方
放送(ほうそう)・鳥を放(はな)す
光を放(はな)つ・放(ほう)っておく

8画

送りがなに注意。
○放(はな)す　○放(はな)つ　○放(はな)れる　○放(ほう)る
×放なす　×放なつ　×放る　×放うる
×放なれる
送りがながかわると読み方もかわるよ。

注意！

86ページ

幸

幸 かん いちじゅう

一番長く

読み方
コウ
さいわ**い**・(さち)
しあわ**せ**

使い方
幸運(こううん)・幸(さいわ)いけがはない
幸(しあわ)せにくらす

8画

87ページ

悲

悲 こころ

とめる　はらう　はねる

読み方
ヒ
かなし**い**・かな**しむ**

使い方
悲鳴(ひめい)・悲(かな)しい話
わかれを悲(かな)しむ

12画

漢字を使おう8

「心」のつく漢字。
「心」(こころ)は、気持ちや心の動きに関係(かんけい)のある漢字につくよ。
「心」のつく漢字…悲　悪　感　想　など。

おぼえよう！

91ページ

商

商 くち

立てる　あける　はねる

読み方
ショウ
(あきな**う**)

使い方
商店(しょうてん)・商売(しょうばい)・商品(しょうひん)

11画

ものしりメモ 「幸」は送りがなに注意しよう。「しあわせ」は「幸せ」(×「幸わせ」)。「さいわい」は「幸い」(×「幸わい」)だよ。どちらも送りがなは一字だよ。

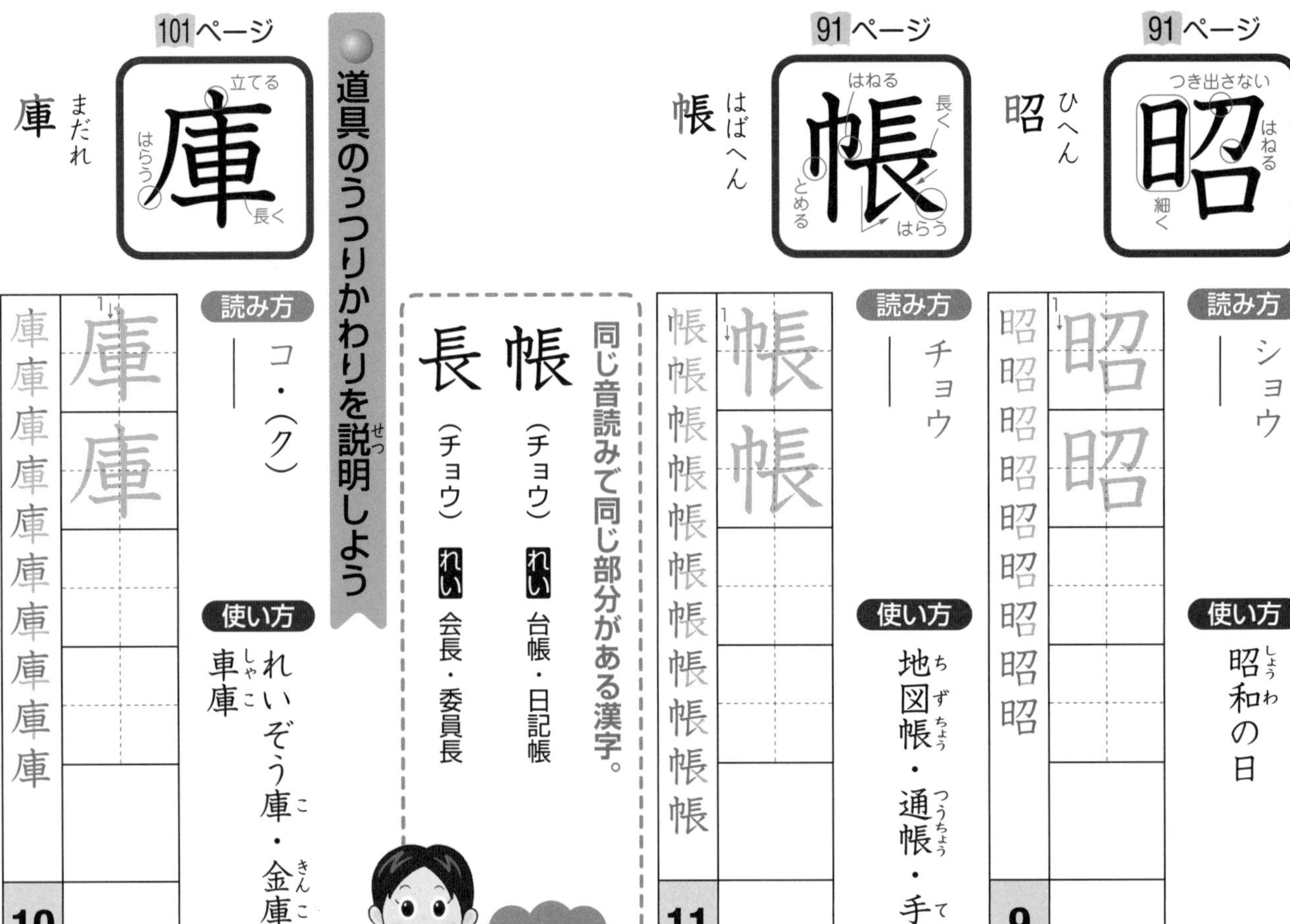

91ページ

昭

ひへん 昭

つき出さない　はねる　細く

読み方

ショウ

—

使い方

昭和（しょうわ）の日

9画

91ページ

帳

はばへん 帳

はねる　長く　とめる　はらう

読み方

チョウ

—

使い方

地図帳（ちずちょう）・通帳（つうちょう）・手帳（てちょう）

11画

道具のうつりかわりを説明（せつ）しよう

同じ音読みで同じ部分がある漢字。

帳（チョウ）　れい 台帳・日記帳

長（チョウ）　れい 会長・委員長

注意！

101ページ

庫

まだれ 庫

立てる　はらう　長く

読み方

コ・（ク）

—

使い方

れいぞう庫（こ）・金庫（きんこ）

車庫（しゃこ）

10画

101ページ

転

くるまへん 転

とめる

読み方

テン

ころ**がる**・ころ**げる**

ころ**がす**・ころ**ぶ**

使い方

自転車（じてんしゃ）・回転（かいてん）

ボールを転（ころ）がす

11画

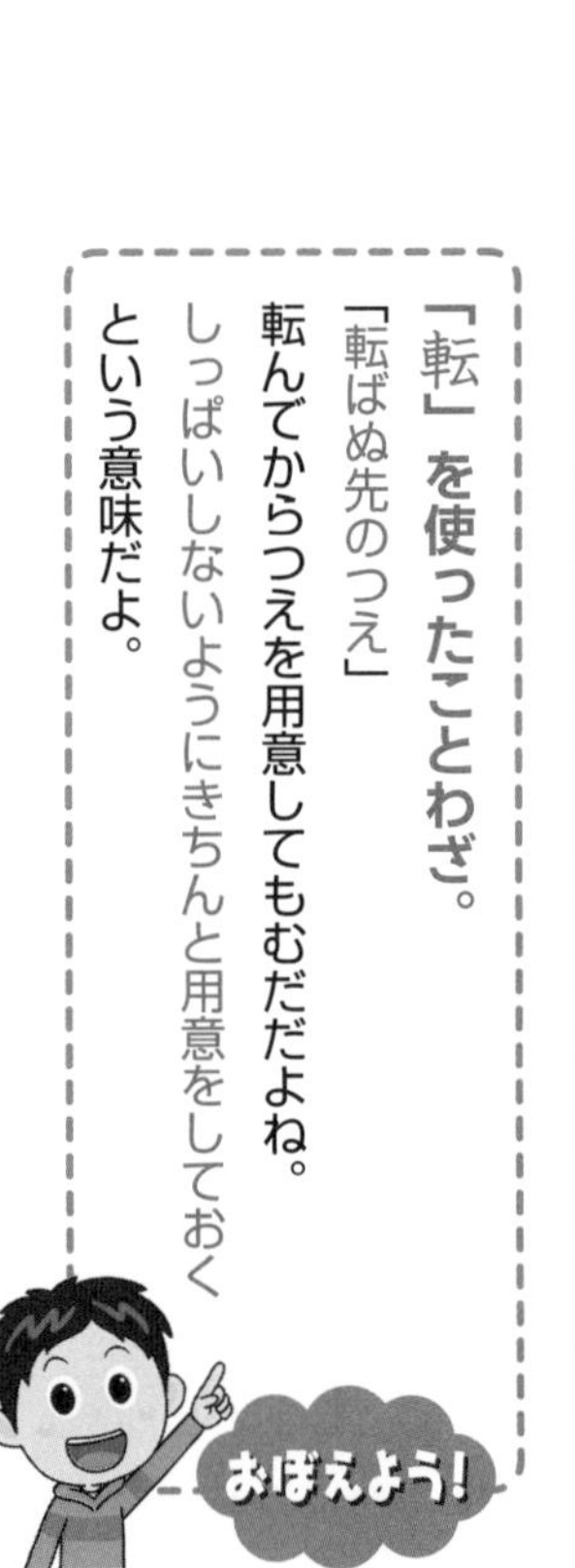

「転」を使ったことわざ。

「転ばぬ先のつえ」

転んでからつえを用意してもむだだよね。しっぱいしないようにきちんと用意をしておくという意味だよ。

読みかえの漢字

71ページ	82	82
竹（チク）	新（シン）	聞（ブン）
竹林（ちくりん）	新聞（しんぶん）	

91
鳴（メイ）
悲鳴（ひめい）

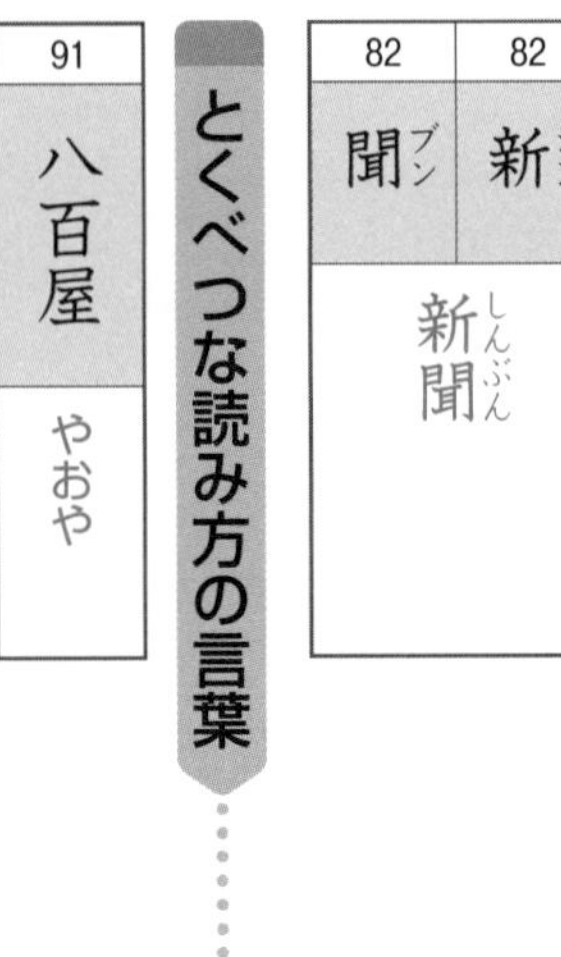

とくべつな読み方の言葉

91
八百屋
やおや

ものしりメモ　「昭和」は、年号を表す言葉だよ。「平成（へいせい）」の一つ前の年号だね。明治（めいじ）・大正（たいしょう）・昭和・平成・令和（れいわ）とつづいているよ。

生き物についての考えを深めよう

練習のワーク

俳句（はいく）に親しもう／カミツキガメは悪者か
漢字を使おう8／道具のうつりかわりを説明（せつ）しよう

教科書 ㊦70～106ページ

答え 7ページ

勉強した日　月　日

1 新しい漢字を読みましょう。

① 70ページ 季（き）語に 注意（　） する。

② 竹林（　） から鳴き声がする。

③ 俳句を 暗唱（しょう）（　） する。

④ 76ページ 悪者（　） あつかいされる。

⑤ 岸（　） からはなれた所。

⑥ テレビや 新聞（　） を見る。

⑦ そのまま 放（　） っておく。

⑧ 幸（　） せになる。

⑨ 悲（　） しい生き物。

⑩ 91ページ 商店（　） で魚を売る。

⑪ 昭和（　） の日について調べる。

⑫ 八百屋（　） さんに行く。

⑬ 地図帳（　） を開く。

⑭ 悲鳴（　） を上げる。

⑮ 100ページ れいぞう 庫（　） でひやす。

⑯ 電動 自転車（　） を使う。

✿⑰ ここからはってん コップに水を 注（　） ぐ。

✿⑱ 暗（　） い道を歩く。

✿⑲ 悪人（　） をこらしめる。

✿⑳ 海岸（　） で遊ぶ。

✿㉑ ラジオの 放送（　） を聞く。

✿の漢字は新出漢字のべつの読み方です。

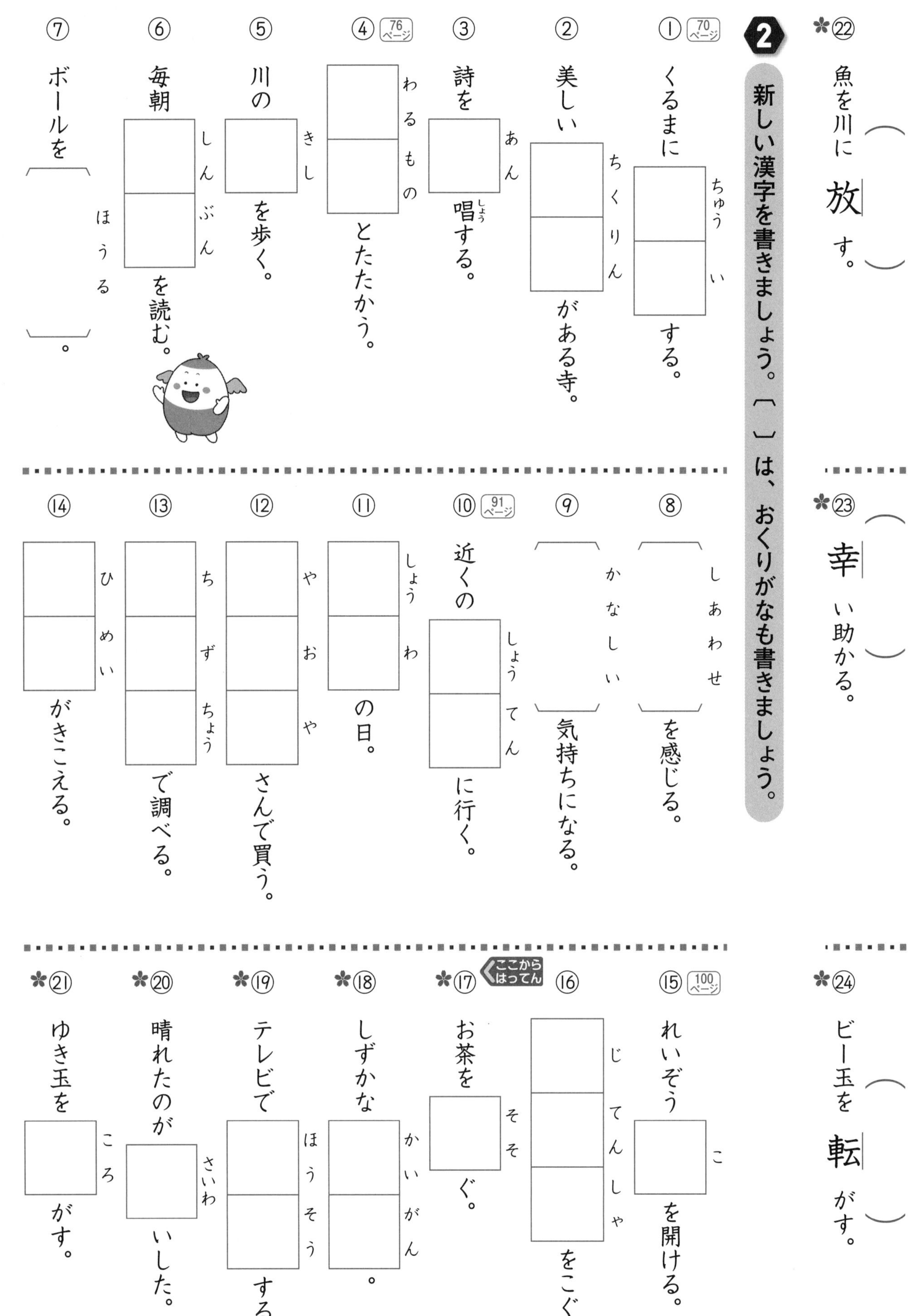

✿㉒ 魚を川に〔放す。〕

✿㉓〔幸い助かる。〕

✿㉔ ビー玉を〔転がす。〕

2 新しい漢字を書きましょう。〔　〕は、おくりがなも書きましょう。

① 70ページ くるまに［ちゅうい］する。

② 美しい［ちくりん］がある寺。

③ 詩を［あん］唱（しょう）する。

④ 76ページ ［わるもの］とたたかう。

⑤ 川の［きし］を歩く。

⑥ 毎朝［しんぶん］を読む。

⑦ ボールを〔ほうる〕。

⑧〔しあわせ〕を感じる。

⑨〔かなしい〕気持ちになる。

⑩ 91ページ 近くの［しょうてん］に行く。

⑪［しょうわ］の日。

⑫［やおや］さんで買う。

⑬［ちずちょう］で調べる。

⑭［ひめい］がきこえる。

⑮ 100ページ れいぞう［こ］を開ける。

⑯［じてんしゃ］をこぐ。

✿⑰ ここからはってん お茶を［そそ］ぐ。

✿⑱ しずかな［かいがん］。

✿⑲ テレビで［ほうそう］する。

✿⑳ 晴れたのが［さいわ］いした。

✿㉑ ゆき玉を［ころ］がす。

3 漢字で書きましょう。（～～は、おくりがなも書きましょう。太字は、この回で習った漢字を使った言葉です。）

① けがに**ちゅうい**して~~あそぶ~~。

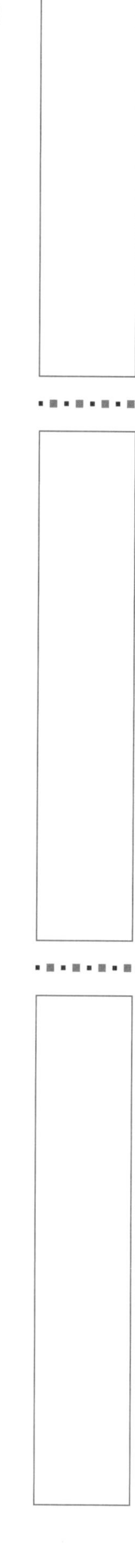

② ~~かなしい~~**ものがたり**の**だいめい**。

③ **じてんしゃ**で**ひろば**を~~はしる~~。

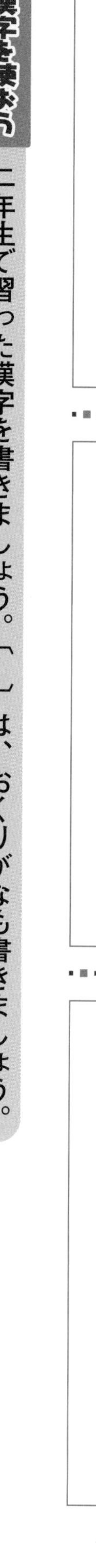

4 漢字を使おう 二年生で習った漢字を書きましょう。〔　〕は、おくりがなも書きましょう。

① 寒い□（ふゆ）。

② □（ゆき）がふる。

③ □（ほし）がかがやく。

④ □（あに）がくるまに乗る。

⑤ □（おとうと）といっしょに行く。

⑥ □□（おやこ）で出かける。

⑦ 家に〔かえる〕。

⑧ 朝起きて□（かお）をあらう。

⑨ □（と）だなにしまう。

⑩ 〔あかるい〕社会をつくる。

⑪ 〔まるい〕球を投げる。

⑫ □□（けいと）のセーター。

⑬ □（いま）の時間をかくにんする。

きほんのワーク

漢字を使おう９／くわしく表す言葉

教科書 ㊦107～109ページ

勉強した日　月　日

◆「読み方」の赤い字は教科書で使われている読みです。はまちがえやすい漢字です。

漢字を使おう９

107ページ
第　たけかんむり
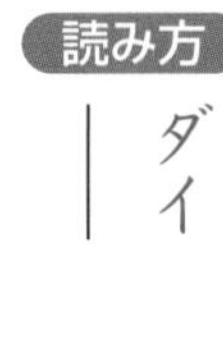

読み方　ダイ
使い方　安全第一（あんぜんだいいち）・第一歩（だいいっぽ）
11画

107ページ
福　しめすへん

読み方　フク
使い方　福引き（ふくびき）・幸福（こうふく）・福の神（ふくのかみ）
13画

漢字のでき方。

「礻」（おそなえものをおく台）と、「畐」（神にささげる酒の入ったつぼ）の形から、「神のめぐみ。しあわせ」という意味を表すよ。

福

107ページ
等　たけかんむり
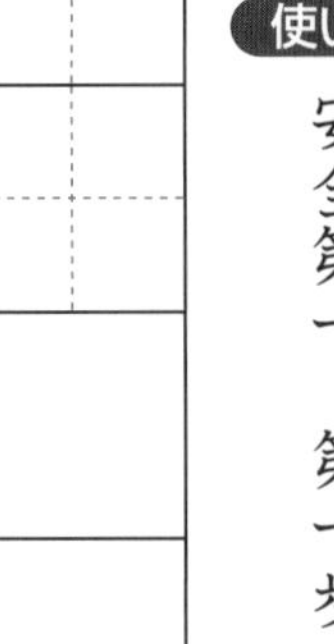

読み方　トウ
ひと**しい**
使い方　一等（いっとう）・等分（とうぶん）・平等（びょうどう）
等しい（ひとしい）長さ
12画

107ページ
定　うかんむり
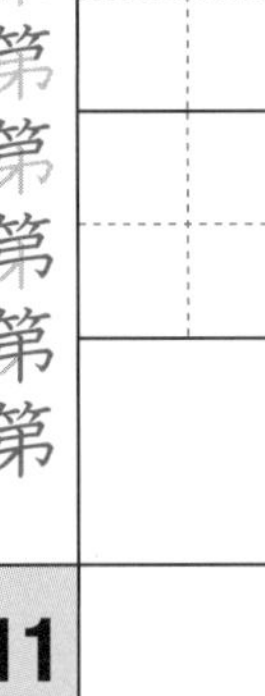

読み方　テイ・ジョウ
さだ**める**・さだ**まる**
（さだ**か**）
使い方　予定（よてい）・定規（じょうぎ）
きそくを定める（さだめる）
8画

送りがなに注意。
○定める（さだめる）　○定まる（さだまる）
×定る　×定る
×定だめる　×定だまる
送りがなは「める」「まる」だよ。
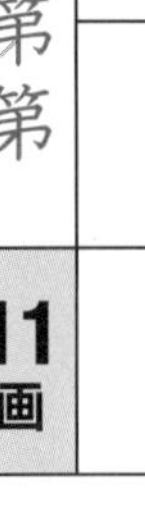

107ページ

宮

宮 うかんむり

立てる・はねる・とめる・下を大きく

10画

読み方
キュウ・(グウ)(ク)
みや

使い方
王宮（おうきゅう）
お宮（みや）まいり

漢字のでき方。
「宮」は、「宀」(家)＋「呂」(たて物がならんだ様子)からできているよ。「りっぱなたて物」という意味を表すよ。

107ページ

宿

宿 うかんむり

立てる・はねる・とめる

11画

読み方
シュク
やど・やどる
やどす

使い方
宿題（しゅくだい）
宿（やど）にとまる・雨宿（あまやど）り

漢字のでき方。
宿
宀…「家」を表す。
亻…「人」を表す。
百…「しき物」を表す。
「とまる・やど」などの意味を表すよ。

くわしく表す言葉

108ページ

追

追 しんにょう しんにゅう

一画

9画

読み方
ツイ
おう

使い方
追究（ついきゅう）・追想（ついそう）
追（お）いかける

109ページ

庭

庭 まだれ

立てる・上を長く・はらう・長くはらう

10画

読み方
テイ
にわ

使い方
校庭（こうてい）・庭園（ていえん）
庭木（にわき）・中庭（なかにわ）

漢字の形に注意。
○ 庭　× 庭
「壬」の部分を「王」と書かないように注意しよう。

読みかえの漢字

107ページ
古 コ
古代（こだい）

ものしりメモ
「追う」と「負う」のように、読み方は同じでも漢字がちがう言葉は、たくさんあるよ。文の中での意味を考えて、正しい漢字を使えるようになろう。

練習のワーク

漢字を使おう9／くわしく表す言葉

教科書 ㊦107〜109ページ　答え 7ページ

勉強した日　月　日

1 新しい漢字を読みましょう。

① 107ページ （　）安全第一を心がける。
② （　）福引きで当たった品物。
③ （　）一等を取る。
④ （　）予定をきめる。
⑤ 弟のお（　）宮まいりをする。
⑥ （　）古代の化石。
⑦ （　）王宮にまねく。
⑧ 島の（　）宿にとまる。
⑨ 108ページ 走る犬を（　）追いかける。
⑩ （　）校庭に落ちている石。
ここからはってん
✿⑪ 長さが（　）等しい。
✿⑫ （　）定規ではかる。

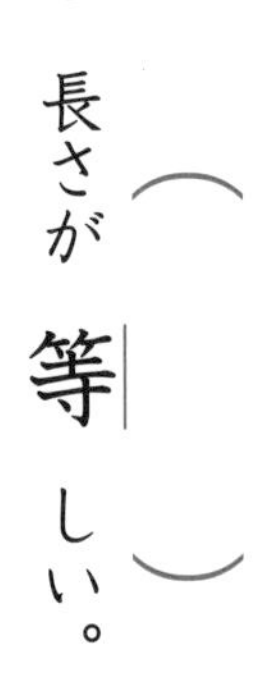

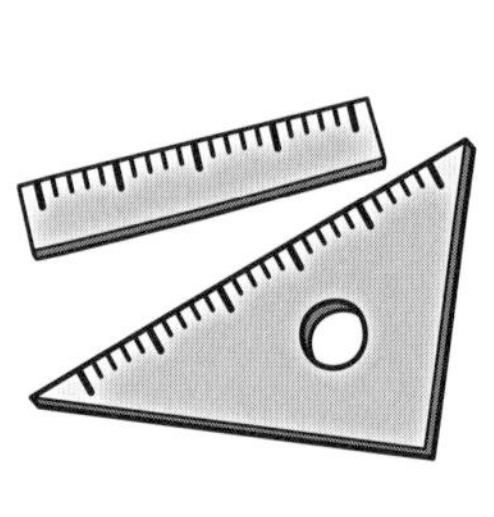

✿⑬ きまりを（　）定める。
✿⑭ （　）宿題をわすれる。
✿⑮ 木かげで（　）雨宿りをする。
✿⑯ 主題を（　）追究する。
✿⑰ （　）中庭で遊ぶ。

2 新しい漢字を書きましょう。〔　〕は、送りがなも書きましょう。

✿の漢字は新出漢字のべつの読み方です。

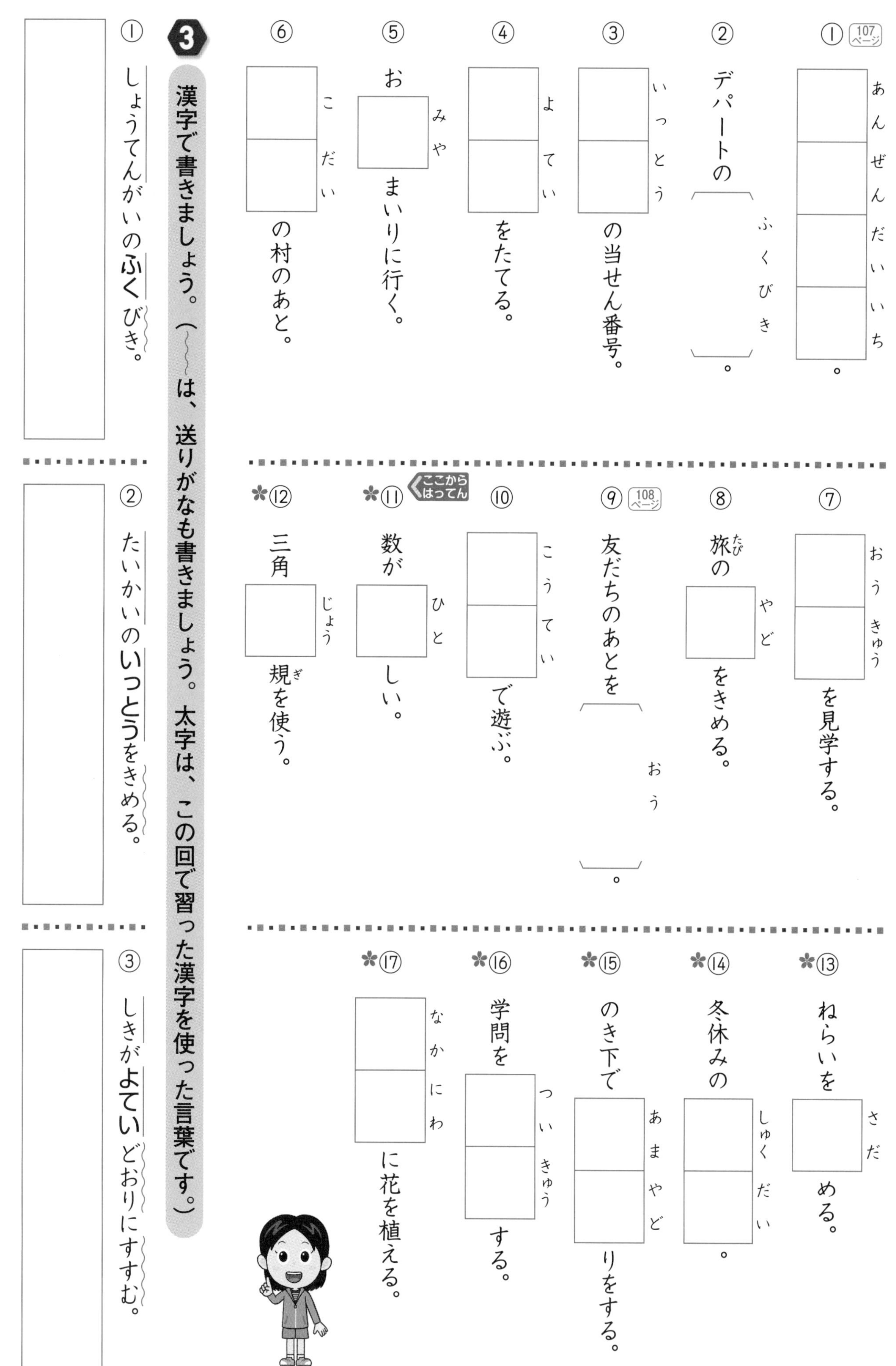

① 107ページ （あんぜんだいいち）［　　　　］。

② デパートの（ふくびき）［　　］。

③ （いっとう）［　　］の当せん番号。

④ （よてい）［　　］をたてる。

⑤ お（みや）［　］まいりに行く。

⑥ （こだい）［　　］の村のあと。

⑦ （おうきゅう）［　　］を見学する。

⑧ 旅（たび）の（やど）［　］をきめる。

⑨ 108ページ 友だちのあとを（おう）［　　］。

⑩ （こうてい）［　　］で遊ぶ。

ここからはってん

✿⑪ 数が（ひと）［　］しい。

✿⑫ 三角（じょう）［　］規（ぎ）を使う。

✿⑬ ねらいを（さだ）［　］める。

✿⑭ 冬休みの（しゅくだい）［　　］。

✿⑮ のき下で（あまやど）［　　］りをする。

✿⑯ 学問を（ついきゅう）［　　］する。

✿⑰ （なかにわ）［　　］に花を植える。

3 漢字で書きましょう。（〰〰は、送りがなも書きましょう。太字は、この回で習った漢字を使った言葉です。）

① しょうてんがいの**ふく**びき。［　　］

② たいかいの**いっとう**をきめる。［　　］

③ しきが**よてい**どおりにすすむ。［　　］

④ おみやまいりのきものをよういする。

⑤ こだいのせいかつをしらべる。

⑥ むこうぎしのやどにとまる。

4 漢字を使おう

二年生で習った漢字を書きましょう。〔　〕は、送りがなも書きましょう。

① □□（おんがく）の時間。

② 高い□（こえ）を出す。

③ クラス全員で〔　　〕（うたう）。

④ □□□□（ずがこうさく）。

⑤ 物語の□（え）をかく。

⑥ □□□（がようし）を配る。

⑦ はさみで〔　　〕（きる）。

⑧ □（たい）いくの先生。

⑨ 速く〔　　〕（はしる）。

⑩ □□（ちょくせん）の長さをはかる。

⑪ ロープを〔　　〕（ひく）。

⑫ 目が〔　　〕（まわる）。

きほんのワーク

ゆうすげ村の小さな旅館(りょかん) ── ウサギのダイコン
漢字を使おう10／漢字の組み立てと意味

教科書 ㊦110～129ページ

勉強した日　月　日

◆「読み方」の赤い字は教科書で使われている読みです。●はまちがえやすい漢字です。

ゆうすげ村の小さな旅館 ── ウサギのダイコン

112ページ
旅　かたへん　旅
（立てる　はらう　はねる　とめる）
読み方：リョ　たび
使い方：旅館(りょかん)・旅行(りょこう)　旅先(たびさき)・旅人(たびびと)・長旅(ながたび)
10画

注意！
「旅」の筆じゅん。
「旅」の右がわは、
「𠂉 𠂉 𠂉 𠂉 𠂉 㫃」と書くよ。
字の形にも気をつけて書こう。

112ページ
息　こころ　息
（とめる　まげる　はねる）
読み方：ソク　いき
使い方：休息(きゅうそく)・消息(しょうそく)・生息(せいそく)　息(いき)をつく
10画

113ページ
階　こざとへん　階
（はねる　はねる）
読み方：カイ　─
使い方：階(かい)だん・階級(かいきゅう)・一階(いっかい)
12画

注意！
漢字の形に注意。
階
「階」の「比」の部分の左がわの「ヒ」は、右がわの「ヒ」のようになめらかに曲がらないよ。形のちがいに気をつけよう。

113ページ
重　さと　重
（一番長く）
読み方：ジュウ・チョウ　え・おも**い**　かさ**ねる**・かさ**なる**
使い方：体重(たいじゅう)・尊重(そんちょう)・八重(やえ)ざき　重(おも)い石・本を重(かさ)ねる
9画

115ページ

畑 た

畑（はねる・とめる）

読み方
――
はた・はたけ

使い方
畑作（はたさく）・田畑（たはた）
花畑（はなばたけ）・畑仕事（はたけしごと）

9画

注意！

読み方に注意。
「畑」には訓読み（くん）が二つあるよ。
はた　れい　田畑・畑作
はたけ　れい　花畑（ばたけ）・だんだん畑
言葉によって読み分けよう。

115ページ

去 む

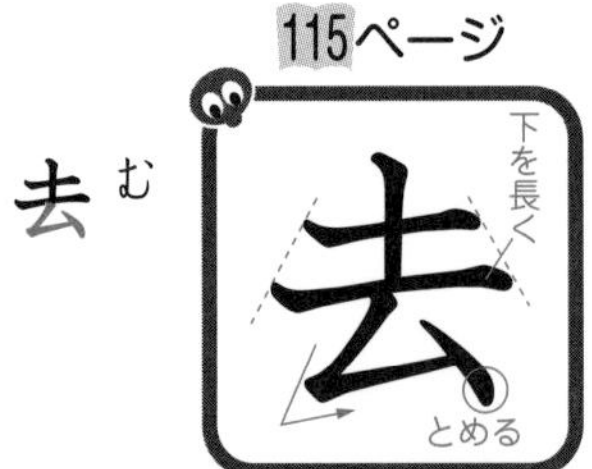

読み方
キョ・コ
さる

使い方
去年（きょねん）・過去（かこ）
日本を去（さ）る

5画

漢字の意味

漢字の意味。
去　①はなれる。　れい　去年・過去
②とりのける。　れい　消去・除去（じょきょ）

116ページ

礼 しめすへん

礼（あける・はねる・とめる）

読み方
レイ・（ライ）
――

使い方
お礼（れい）・朝礼（ちょうれい）・目礼（もくれい）

5画

おぼえよう！

「礻」（しめすへん）のつく漢字。
「礻」は、「示」がもとになっていて、神様に関係（かん）のある漢字につくよ。
「礻」のつく漢字…神　社　礼　福　など。

120ページ

待 ぎょうにんべん

待（下を長く・はねる）

読み方
タイ
まつ

使い方
期待（きたい）
バスを待（ま）つ

9画

注意！

形のにている漢字。
待　れい　友だちを待つ。
持　れい　荷物を持つ。

127ページ

秒　のぎへん

読み方　ビョウ　―

使い方　数秒（すうびょう）・秒速（びょうそく）・秒読み（びょうよみ）

9画

秒 秒 秒 秒 秒 秒 秒 秒 秒

漢字の形に注意。

○秒　×秒

一画目は右から左へ書くよ。

注意！

127ページ

病　やまいだれ

読み方　ビョウ・（ヘイ）　（や**む**）・やまい

使い方　病院（びょういん）・病気（びょうき）・病人（びょうにん）　病（やまい）がなおる

10画

病 病 病 病 病 病 病 病 病 病

127ページ

童　たつ

立てる　長く

読み方　ドウ　（わらべ）

使い方　童話（どうわ）・学童（がくどう）・児童（じどう）

12画

童 童 童 童 童 童 童 童 童 童 童 童

漢字の組み立てと意味

128ページ

笛　たけかんむり

つき出す

読み方　テキ　ふえ

使い方　汽笛（きてき）・笛（ふえ）が鳴る・口笛（くちぶえ）

11画

笛 笛 笛 笛 笛 笛 笛 笛 笛 笛 笛

129ページ

波　さんずい

あける　はねる　はらう

読み方　ハ　なみ

使い方　波長（はちょう）・電波（でんぱ）　波風（なみかぜ）・しずかな波（なみ）

8画

波 波 波 波 波 波 波 波

漢字の形に注意。

波

「波」のつくりは「皮」だよ。「服」、「板」のつくりとのちがいに注意しよう。

注意！

読みかえの漢字

ページ	漢字	例
127	少（ショウ）	少年（しょうねん）
127	多（タ）	多様（たよう）
127	土（ト）	土地（とち）
127	力（リキ）	自力（じりき）
127	口（ク）	口調（くちょう）
128	首（シュ）	部首（ぶしゅ）

ものしりメモ　時間を表す漢字は、「秒」のほかにもいろいろあるね。「分」や「時」などがそうだよ。また、日数を表す漢字は、「日」「週」「月」「年」などがあるね。

練習のワーク

ゆうすげ村の小さな旅館 ――ウサギのダイコン
漢字を使おう10／漢字の組み立てと意味

教科書 ㊦110～129ページ

答え 7ページ

勉強した日　月　日

1 新しい漢字を読みましょう。

① 110ページ 小さな旅館。
② 息をつく。
③ 階だんを上る。
④ 重いふくろ。
⑤ 畑をかりる。
⑥ 去年の秋の出来事。
⑦ お礼をする。

⑧ ダイコンがとれるのを待つ。
⑨ 127ページ 数秒の時間。
⑩ 病院に行く。
⑪ 農家の少年に会う。
⑫ 多様な文章を書く。
⑬ 広い土地。
⑭ 自力で調べる。

⑮ きびしい口調で話す。
⑯ 童話の感想文。
⑰ 部首をおぼえる。
⑱ 笛をふく。
⑲ 海に波が立つ。
✿⑳ ここからはってん 旅人が名所をめぐる。
✿㉑ 消息を知る。

✿の漢字は新出漢字のべつの読み方です。

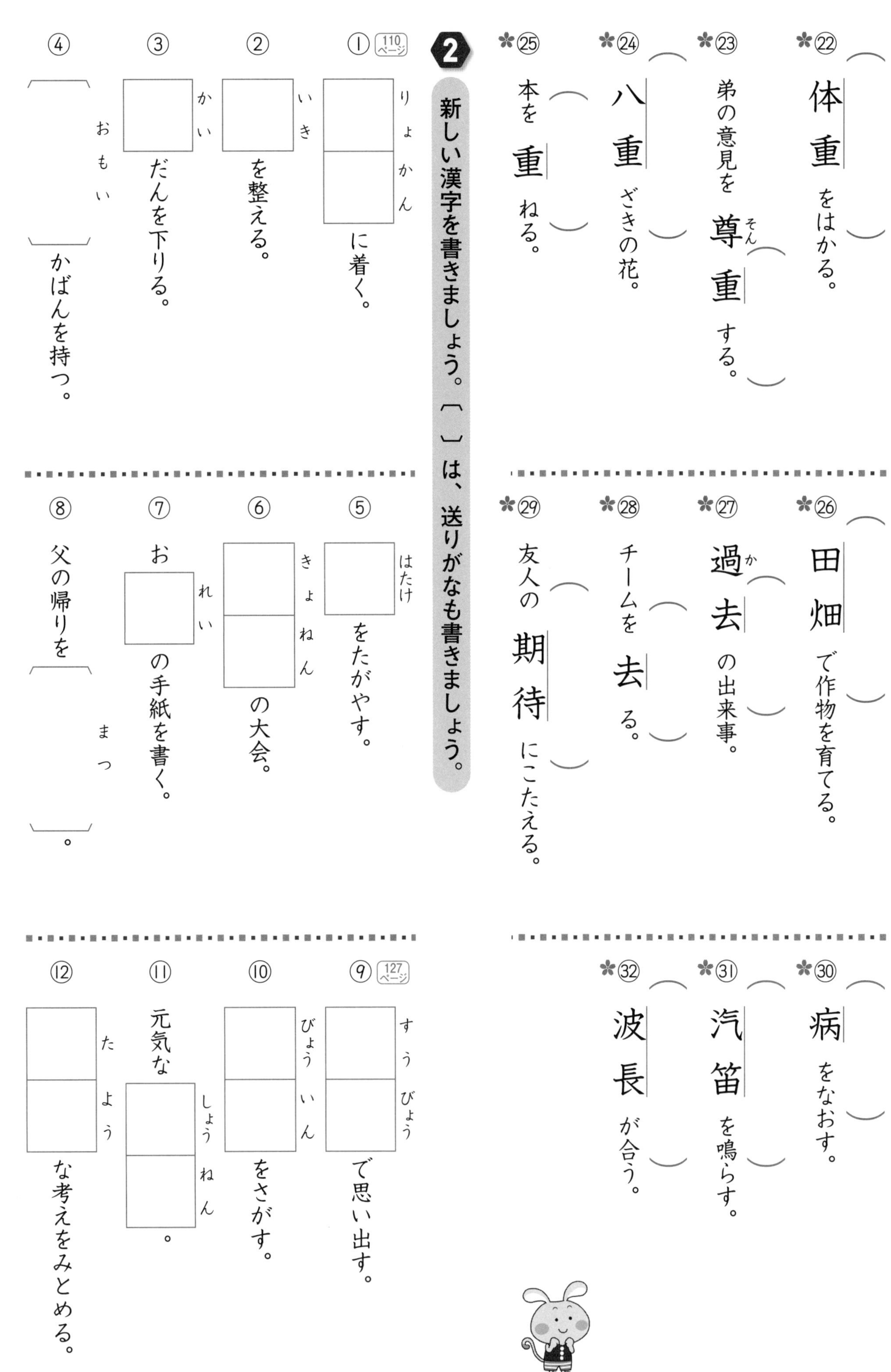

✿㉒ 体重（　　）をはかる。

✿㉓ 弟の意見を尊（そん）重（　　）する。

✿㉔ 八重（　　）ざきの花。

✿㉕ 本を重（　　）ねる。

✿㉖ 田畑（　　）で作物を育てる。

✿㉗ 過（か）去（　　）の出来事。

✿㉘ チームを去（　　）る。

✿㉙ 友人の期待（　　）にこたえる。

✿㉚ 病（　　）をなおす。

✿㉛ 汽笛（　　）を鳴らす。

✿㉜ 波長（　　）が合う。

2 新しい漢字を書きましょう。〔　〕は、送りがなも書きましょう。

① 110ページ □□（りょかん）に着く。

② □□（いき）を整える。

③ □（かい）だんを下りる。

④ 〔　　〕（おもい）かばんを持つ。

⑤ □（はたけ）をたがやす。

⑥ □□（きょねん）の大会。

⑦ お□（れい）の手紙を書く。

⑧ 父の帰りを〔　　〕（まつ）。

⑨ 127ページ □□（すうびょう）で思い出す。

⑩ □□（びょういん）をさがす。

⑪ 元気な□□（しょうねん）。

⑫ □□（たよう）な考えをみとめる。

教科書ワーク

答えとてびき

東京書籍版

漢字3年

使い方

まちがえた問題は確実に書けるまで、くり返し書いて練習することが大切です。この本で、教科書に出てくる漢字の使い方をおぼえて、漢字の力を身につけましょう。

●教科書　新しい国語三上

すいせんのラッパ

4～5ページ　練習のワーク

❶
①は　②お　③はや　④いちめん
⑤む　⑥みどりいろ　⑦かんしん
⑧まめ　⑨じんぶつ　⑩ようす
⑪しかた　⑫かいわ　⑬ものがたり
⑭ほうこう　⑮だいず　⑯もつ
⑰おうさま　⑱つか

❷
①葉　②起きる　③速さ　④一面
⑤向こう　⑥緑色　⑦感心　⑧豆
⑨人物　⑩様子　⑪仕方　⑫会話
⑬物語　⑭方向　⑮大豆　⑯物
⑰王様　⑱仕

❸
①あたり一面に草が生える。
②緑色のおり紙で作る。
③豆を店で買う。

かん字をつかおう1／図書館へ行こう　国語じてんの使い方

10～13ページ　練習のワーク

❶
①そうちょう　②れんしゅう
③きゅうしゅう　④ちゅうおう
⑤おう　⑥ほどう　⑦ごうけい
⑧にばい　⑨としょかん　⑩じ　⑪もく
⑫いん　⑬ない　⑭きごう　⑮つか
⑯いみ　⑰かんじ　⑱あらわ
⑲しら　⑳はしら　㉑ばしょ
㉒ね　㉓なら　㉔よこ　㉕やかた
㉖しよう　㉗あじ　㉘ひょう
㉙おもて　㉚ちょうし　㉛でんちゅう
㉜ところ

❷
①早朝　②練習　③九州　④中央
⑤横　⑥歩道　⑦合計　⑧二倍
⑨図書館　⑩事　⑪目　⑫引　⑬内
⑭記号　⑮使う　⑯意味　⑰漢字
⑱表す　⑲調べる　⑳柱　㉑場所
㉒練　㉓習　㉔横　㉕館　㉖使用
㉗味　㉘表　㉙表　㉚調子　㉛電柱
㉜所

❸
①毎日練習する。
②電車で九州に向かう。
③二倍の時間を使う。
④休みの日に図書館へ行く。
⑤漢字で答えを書く。
⑥公園の場所を調べる。

❹
①二組　②教室・黒　③友
④春　⑤校門　⑥外　⑦元気
⑧同じ　⑨話し合う　⑩心
⑪知る　⑫点数

メモを取りながら話を聞こう　自然のかくし絵／漢字を使おう2

18〜21ページ　練習のワーク

❶
①と　②きょく　③はい　④じゅうしょ
⑤し　⑥み　⑦そだ　⑧まも　⑨き
⑩かつどう　⑪どうさ　⑫も　⑬と
⑭わだい　⑮ぶぶん　⑯ひっしゃ
⑰みやこ　⑱こおり　⑲ひょうざん
⑳がた　㉑およ　㉒ゆうめい
㉓すいえい　㉔へんじ　㉕かえ
㉖あそ　㉗ゆう　㉘ひら　㉙かいかい
㉚せんしゅてん　㉛くば　㉜す
㉝しんちょう　㉞たいいく　㉟はぐく
㊱けっ　㊲うご　㊳がくもん
㊴えふで　㊵と　㊶つごう　㊷あ

❷
①取る　②局　③配　④住所　⑤自
⑥身　⑦育つ　⑧守る　⑨決まる
⑩活動　⑪動作　⑫持つ　⑬問い
⑭話題　⑮部分　⑯筆者　⑰都
⑱氷　⑲氷山　⑳形　㉑泳ぐ
㉒有名　㉓水泳　㉔返事　㉕返す
㉖遊ぶ　㉗遊　㉘開く　㉙開会
㉚先取点　㉛配　㉜住　㉝身長
㉞育　㉟動　㊱都合

❸
①古い・寺　②新しい　③東・西
④南・北　⑤道　⑥公園　⑦馬
⑧長い・首　⑨池　⑩交番　⑪電車

全体と中心／「わたし」の説明文を書こう　漢字の表す意味

25〜27ページ　練習のワーク

❶
①ぜんたい　②こう　③あき
④ぜんりょく　⑤はじ　⑥がかり　⑦せわ
⑧お　⑨こう　⑩にがて　⑪かぞく
⑫ぶんしょう　⑬こうか　⑭さっきょく
⑮こくばん　⑯さくひん　⑰さら
⑱くうはく　⑲いいんちょう
⑳はっぴょう　㉑しま　㉒まった
㉓すべ　㉔せい　㉕よ　㉖しゅうてん
㉗くる　㉘ま　㉙ぱん　㉚いた
㉛しなもの　㉜ゆだ　㉝はんとう

❷
①全体　②高　③明らか　④全力
⑤始め　⑥係　⑦世話　⑧終わり
⑨考　⑩苦手　⑪家族　⑫文章
⑬校歌　⑭作曲　⑮黒板　⑯作品
⑰皿　⑱空白　⑲委員長　⑳発表
㉑島　㉒全　㉓終点　㉔曲　㉕板
㉖板　㉗品物　㉘委

❸
①問いの答えを黒板に書く。
②自動車が右に曲がる。
③日本で一番小さい島。

ワニのおじいさんのたから物／漢字を使おう3　人物やものの様子を表す言葉　心が動いたことを詩で表そう　他

32〜35ページ　練習のワーク

❶
①さむ　②そうとう　③し　④きみ
⑤あんしん　⑥きゅう　⑦しる
⑧ばし　⑨とうじょうじんぶつ
⑩こうどう　⑪かなもの　⑫ち
⑬けっしょく　⑭もう　⑮ゆらい
⑯りゆう　⑰はくちょう　⑱そう　⑲し
⑳しゅっぱつ　㉑あつ　㉒つぎ　㉓あつ
㉔さぎょう　㉕み　㉖おこな　㉗のうか
㉘めい　㉙しゃ　㉚あいて　㉛くん
㉜やす　㉝いそ　㉞ほどうきょう
㉟とざん　㊱のぼ　㊲しゅうごう
㊳もくじ　㊴しょちゅう　㊵みの
㊶いのち　㊷うつ

❷
①寒い　②相当　③死ぬ　④君
⑤安心　⑥急　⑦記す　⑧橋
⑨登場人物　⑩行動　⑪金物
⑫血　⑬血色　⑭申し　⑮由来
⑯理由　⑰白鳥　⑱想　⑲詩
⑳出発　㉑集める　㉒次　㉓暑い
㉔作業　㉕実　㉖行う　㉗農家
㉘命　㉙写　㉚相手　㉛安　㉜急
㉝歩道橋　㉞登山　㉟登　㊱集合
㊲目次　㊳実　㊴写

3 ①夜 ②台・光 ③夏 ④昼 ⑤海
⑥来る ⑦麦茶 ⑧岩 ⑨半分 ⑩朝
⑪日記 ⑫思い

夏休み まとめのテスト

36・37ページ まとめのテスト①

1 ①みどりいろ・は
②む・ようす
③ほどう・ちゅうおう
④じ・つか
⑤かんじ・いみ
⑥きょく・と
⑦み・まも

2 ①起きる ②一面 ③感心 ④豆
⑤人物 ⑥練習 ⑦九州 ⑧横
⑨二倍 ⑩図書館 ⑪表す ⑫場所
⑬話題 ⑭部分

3 ①仕える ②申し ③配る ④調べる
⑤急ぐ

4 ①死 ②苦

5 ①14(十四) ②5(五)

6 ①1ゆう 2ゆ ②1はぐく 2そだ
③1さく 2さ ④1と 2つ

7 ①1返る 2帰る ②1速い 2早い

てびき

1 ②「様子」の「子」は「ス」と読みます。「子」には「シ・ス」と二つの音読みがあるので気をつけましょう。

2 ①「起」の「己」の部分を「乙」と書かないように気をつけましょう。
⑩「図書館」の「館」の左がわは「𩙿」です。「食」としないように気をつけましょう。

3 おくりがなのまちがいに気をつけましょう。①「仕る」「仕かえる」、②「申うし」、③「配ばる」、④「調る」「調らべる」、⑤「急そぐ」としないようにしましょう。

4 ①「生死」、②「苦楽」と、反対の意味の漢字を組み合わせた言葉を作ることもできます。

5 ①「緑」の左がわは「糸」(いとへん)です。一画目と二画目をつづけて書かないようにしましょう。右下の「氺」の部分は五画で書きます。「水」と書いて四画と数えないようにしましょう。
②「号」は、五画目に気をつけましょう。

6 ②「育」は、おくりがながちがうと読み方がかわるので気をつけましょう。
④2「都合」は「つごう」と読みます。「とごう」と読まないようにしましょう。

7 漢字の意味を考えて、正しく使い分けましょう。
①1「返る」は、「かした物などが本来の持ち主にもどること」です。2「帰る」は、「もとの場所にもどること」です。
②1「速い」は、「動きなどがはやい」ことです。2「早い」は、「時間がはやい」ことを表すときに使います。

38・39ページ まとめのテスト②

1 ①みやこ・ゆうめい
②かぞく・せわ
③さくひん・はっぴょう
④きみ・あんしん
⑤しゃ・あつ
⑥あつ・めい
⑦のうか・さぎょう

2 ①氷 ②水泳 ③全体 ④係
⑤文章 ⑥皿 ⑦委員長 ⑧島
⑨寒い ⑩急 ⑪橋 ⑫金物
⑬血 ⑭実

3 ①曲がる ②全て ③苦い
④開ける ⑤委ねる ⑥記す

4 ①持 ②始 ③板 ④社

5 ①次・歌 ②練・終 ③語・詩
④通・遊

6
①1柱　2住　②1相　2想

てびき

2 ①「氷」と、②「水泳」の「水」「泳」は形がにているので、よく見て正しく書き分けましょう。
④「係」の右がわは「系」と書きます。「糸」と書かないように気をつけましょう。

3 おくりがなのまちがいに気をつけましょう。①「曲る」、⑤「委る」「委だねる」、⑥「記るす」と書かないようにしましょう。
②「全」には、「すべ(て)」のほかに、「まった(く)」という読み方もあります。
③「苦」には、「にが(い)」のほかに、「くる(しい)」という読み方もあります。
④「開」には、「あ(ける)」のほかに、「ひら(く)」という読み方もあります。いっしょにおぼえておきましょう。

4 左右に組み合わせてみて、正しい漢字を作りましょう。

5 ③「言」(ごんべん)は言葉に、④「辶」(しんにょう・しんにゅう)は道や歩くことに関係のある漢字につきます。

6 形がよくにている漢字をまちがえないようにしましょう。

夕日がせなかをおしてくる
案内の手紙を書こう／慣用句を使おう
グループの合い言葉を決めよう　他

43〜45ページ　練習のワーク

1
①たい　②がっ　③かよ
④たす　⑤お　⑥しんこう　⑦やく
⑧ま　⑨か　⑩くぎ　⑪とどう・けん
⑫しくちょうそん　⑬さんちょうめ
⑭やね　⑮な　⑯とうきゅう　⑰う
⑱だしゃ　⑲らくせき　⑳すす
㉑お　㉒しょうぶ　㉓おくがい
㉔こんき

2
①太　②合　③通う　④助け
⑤落とす　⑥進行　⑦役　⑧負ける
⑨勝つ　⑩区切り　⑪都道・県
⑫市区町村　⑬三丁目　⑭屋根
⑮投げる　⑯投球　⑰打つ　⑱打者
⑲落石　⑳負　㉑根気

3
①電車で会社に通う。
②市区町村の役わり。
③兄が投げたボールを打つ。

4
①魚・売る　②牛・肉　③買う
④米　⑤一万円　⑥市場　⑦食べる
⑧店　⑨毎週　⑩当たる　⑪少ない
⑫多い

主語とじゅつ語、つながってる？
サーカスのライオン／漢字を使おう5

49〜51ページ　練習のワーク

1
①しゅご　②ば　③てつ　④ま
⑤まる　⑥きゃく　⑦き　⑧おく
⑨にゅういん　⑩らく　⑪けがわ
⑫へや　⑬う　⑭しょう　⑮にもつ
⑯はこ　⑰まっか　⑱まじめ
⑲まっさお　⑳ようこう
㉑つうがくろ　㉒じぬし　㉓おも
㉔つ　㉕はっそう　㉖け　㉗いえじ

2
①主語　②化け　③鉄　④真
⑤円い　⑥客　⑦着る　⑧送る
⑨入院　⑩楽　⑪毛皮　⑫部屋
⑬受け　⑭消　⑮荷物　⑯運ぶ
⑰真っ赤　⑱真面目　⑲真っ青
⑳陽光　㉑通学路　㉒主

3
①晴れ　②雲　③鳥　④鳴く
⑤羽　⑥秋　⑦高い　⑧黄色
⑨細い　⑩太い　⑪止まる　⑫里山
⑬谷　⑭歩く　⑮通る　⑯地面

せっちゃくざいの今と昔／道具のひみつをつたえよう／こそあど言葉／話したいな、すきな時間／漢字の読み方

56～58ページ　練習のワーク

1
①むかし　②ふく　③しゃりょう　④かる
⑤かぐ　⑥おんど　⑦び　⑧みじか
⑨せいり　⑩さ　⑪しょくぶつ
⑫けんきゅうしゃ　⑬さいく
⑭しんかい　⑮じだい　⑯じょうば
⑰いんしょくてん　⑱てんとう
⑲せいうん　⑳りゅうせい　㉑もくたん
㉒もち　㉓へいわ　㉔でんち
㉕ぎんこう　㉖うつく　㉗ととの　㉘し
㉙う　㉚ふか　㉛の　㉜すみ　㉝たい

2
①昔　②服　③車両　④軽い　⑤家具
⑥温度　⑦美　⑧短い　⑨整理　⑩指す
⑪植物　⑫研究者　⑬細工　⑭深海
⑮時代　⑯乗馬　⑰飲食店　⑱店頭
⑲星雲　⑳流星　㉑木炭　㉒用いる
㉓平和　㉔電池　㉕銀行　㉖美　㉗乗

3
①軽い木の板を運ぶ。
②自分の荷物を整理する。
③母と植物を育てる。

モチモチの木／漢字を使おう6／人物の気持ちを表す言葉

62～65ページ　練習のワーク

1
①はな　②かみさま　③まつ　④は
⑤いしゃ　⑥さかみち　⑦くすりばこ
⑧ゆ　⑨たにん　⑩たい　⑪ようふく
⑫みずうみ　⑬さけ　⑭にほんしゅ
⑮あぶら　⑯せきゆ　⑰り　⑱ひろ
⑲ひつじ　⑳しんわ　㉑じんじゃ
㉒ぶんかさい　㉓し　㉔やっきょく
㉕とう　㉖ほか　㉗こすい　㉘さかや
㉙ようもう

2
①鼻　②神様　③祭り　④歯　⑤医者
⑥坂道　⑦薬箱　⑧湯　⑨他人
⑩対　⑪洋服　⑫湖　⑬酒　⑭日本酒
⑮油　⑯石油　⑰里　⑱拾う　⑲羊
⑳神話　㉑神社　㉒文化祭　㉓歯
㉔薬局　㉕湯　㉖他　㉗湖水　㉘酒屋
㉙羊毛

3
①神様の物語を読む。
②医者の言葉をしんじる。
③えき前の坂道を走る。
④薬箱を整理する。
⑤湖に近い場所に住む。
⑥油であげた魚を食べる。
⑦森で木の実を拾う。

4
①日曜日　②家　③父さん　④母さん
⑤自分　⑥言う　⑦午前　⑧午後
⑨弓矢　⑩天才　⑪刀　⑫強い　⑬弱い
⑭聞く

いろいろなつたえ方／本から発見したことをつたえ合おう／漢字を使おう7

69～71ページ　練習のワーク

1
①おんせい　②どうじ　③えき
④くうこう　⑤せかい　⑥とうてん
⑦にがっき　⑧べんきょう　⑨しんきゅう
⑩にゅうがくしき　⑪せいれつ
⑫よしゅう　⑬そうだん　⑭はんたい
⑮みなと　⑯そ

2
①音声　②同時　③駅　④空港　⑤世界
⑥読点　⑦二学期　⑧勉強　⑨進級
⑩入学式　⑪整列　⑫予習　⑬相談
⑭反対　⑮港　⑯反

3
①同時に学校に着く。
②駅まで車を使う。
③空港に集合する。
④世界の気温を調べる。
⑤妹の入学式に行く。
⑥君の意見に反対する。

4
①理科　②風　③算数　④三角形
⑤答え　⑥計算　⑦国語　⑧読む

⑨書く　⑩社会　⑪生活　⑫市

冬休み　まとめのテスト

72・73ページ　まとめのテスト❶

1 ①とうきゅう・う　②けがわ・き　③にもつ・おく　④まっか・しょう　⑤むかし・ふく　⑥かる・かぐ　⑦みじか・おんど

2 ①合　②役　③勝つ　④屋根　⑤主語　⑥化け　⑦鉄　⑧入院　⑨受け　⑩運ぶ　⑪陽光　⑫通学路　⑬車両　⑭整理

3 ①美しい　②落とす　③流れる　④進める　⑤通う　⑥助ける

4 ①県　②市・区・町・村　③丁

5 ①1うん　2くも　②1たい　2ふと　③1ば　2うま　④1ち　2いけ　⑤1さい　2こま

てびき

1 ②「着」には、ほかにも、「着用(ちゃくよう)」の「着(チャク)」、「着く(つく)」という読み方があります。いっしょにおぼえておくとよいでしょう。

④「真っ赤」は、とくべつな読み方の言葉で、漢字一字ずつではなく、言葉全体で「まっか」と読みます。

2 **3** ⑪「陽光」とは、「太陽の光」のことです。送りがなに気をつけましょう。

①「美い」「美くしい」としないようにしましょう。「美しい」、「悲しい」、「楽しい」などの気持ちや様子を表す言葉は、「しい」を送りがなにするものが多いです。

②「落す」、③「流る」「流がれる」、④「進る」「進すめる」、⑤「通よう」、⑥「助すける」としないようにしましょう。

4 ③「一丁目」を「一町目」としないように気をつけましょう。住所に関係のある漢字にはほかに、「町(チョウ・まち)」、「番地(ばんち)」、「号(ゴウ)」などがあります。

5 ⑤「細」には、ほかにも「細い(ほそい)」という読み方があります。送りがながかわると、読み方も意味もかわるので気をつけましょう。

74・75ページ　まとめのテスト❷

1 ①しょくぶつ・さ　②いんしょくてん・ぎんこう　③たにん・たい　④あぶら・さけ　⑤くうこう・えき　⑥にがっき・べんきょう　⑦よしゅう・そうだん

2 ①研究者　②深海　③木炭　④鼻　⑤神様　⑥歯　⑦医者　⑧坂道　⑨薬箱　⑩湖　⑪里　⑫世界　⑬入学式　⑭整列

3 ①拾う　②味わう　③祭る　④用いる　⑤反らす　⑥負ける

4 ①7(七)　②3(三)

5 ①湯・温　②羊・美　③客・安・守

6 ①1よ　2だい　3か　②1びょう　2たい　3ひら

てびき

1 ①「植物(しょくぶつ)」の「物(ブツ)」には、ほかにも、「食物(しょくもつ)」の「物(モツ)」という読み方もあります。いっしょにおぼえておきましょう。

2 ④「鼻」の、上の部分は「自」です。「白」と書かないようにしましょう。

3 送りがなのまちがいに気をつけましょう。①「拾ろう」、②「味じわう」、③「祭つる」、⑤「反す」、⑥「負る」としないようにしましょう。また、④「用いる」を、「用る」、「用ちいる」としないように気をつけましょう。

4 ①「級」の右がわの「及」の部分は、左にはらうたての画を先に書きます。

5 ①「氵」（さんずい）は水に関係のある漢字につきます。

6 ①「代」には、ほかにも「交代（こうたい）」の「代（タイ）」という読み方があります。
②「平」には、ほかにも「平気（へいき）」の「平（ヘイ）」という読み方があります。

俳句に親しもう／カミツキガメは悪者か
漢字を使おう8
道具のうつりかわりを説明しよう

79～81ページ　練習のワーク

1
①ちゅうい　②ちくりん　③あん　④わるもの　⑤きし　⑥しんぶん　⑦ほう　⑧しあわ　⑨かな　⑩しょうてん　⑪しょうわ　⑫やおや　⑬ちずちょう　⑭ひめい　⑮こ　⑯じてんしゃ　⑰そそ　⑱くら　⑲あくにん　⑳かいがん　㉑ほうそう　㉒はな　㉓さいわ　㉔ころ

2
①注意　②竹林　③暗　④悪者　⑤岸　⑥新聞　⑦放る　⑧幸せ　⑨悲しい　⑩商店　⑪昭和　⑫八百屋　⑬地図帳　⑭悲鳴　⑮庫　⑯自転車　⑰注　⑱海岸　⑲放送　⑳幸　㉑転

3
①けがに注意して遊ぶ。
②悲しい物語の題名。
③自転車で広場を走る。

4
①冬　②雪　③星　④兄　⑤弟　⑥親子　⑦帰る　⑧顔　⑨戸　⑩明るい　⑪丸い　⑫毛糸　⑬今

漢字を使おう9
くわしく表す言葉

84～86ページ　練習のワーク

1
①あんぜんだいいち　②ふくび　③いっとう　④よてい　⑤みや　⑥こだい　⑦おうきゅう　⑧やど　⑨お　⑩こうてい　⑪ひと　⑫じょう　⑬さだ　⑭しゅくだい　⑮あまやど　⑯ついきゅう　⑰なかにわ

2
①安全第一　②福引き　③一等　④予定　⑤宮　⑥古代　⑦王宮　⑧宿　⑨追う　⑩校庭　⑪等　⑫定　⑬定　⑭宿題　⑮雨宿　⑯追究　⑰中庭

3
①商店がいの福引き。
②大会の一等を決める。
③式が予定通りに進む。
④お宮まいりの着物を用意する。
⑤古代の生活を調べる。
⑥向こう岸の宿にとまる。

4
①音楽　②声　③歌う　④図画工作　⑤絵　⑥画用紙　⑦切る　⑧体　⑨走る　⑩直線　⑪引く　⑫回る

ゆうすげ村の小さな旅館
――ウサギのダイコン
漢字を使おう10／漢字の組み立てと意味

90～93ページ　練習のワーク

1
①りょかん　②いき　③かい　④おも　⑤はたけ　⑥きょねん　⑦れい　⑧ま　⑨すうびょう　⑩びょういん　⑪しょうねん　⑫たよう　⑬とち　⑭じりき　⑮くちょう　⑯どうわ　⑰ぶしゅ　⑱ふえ　⑲なみ　⑳たびびと　㉑しょうそく　㉒たいじゅう　㉓ちょう　㉔やえ　㉕かさ　㉖たはた　㉗こ　㉘さ　㉙きたい　㉚やまい　㉛きてき　㉜はちょう

2
①旅館　②息　③階　④重い　⑤畑　⑥去年　⑦礼　⑧待つ　⑨数秒　⑩病院　⑪少年　⑫多様　⑬土地　⑭自力　⑮口調　⑯童話　⑰部首　⑱笛　⑲波　⑳旅人　㉑消息　㉒体重　㉓重　㉔田畑　㉕去　㉖期待　㉗病　㉘汽笛　㉙波長

3
①旅館の仕事を知る。
②重い荷物を運ぶ。
③本を返すときに礼を言う。
④両親を空港で待つ。
⑤多様な文化を研究する。
⑥自力で問題に答える。

4
①姉　②考える　③船　④行き・方

⑤野生　⑥大草原　⑦遠い　⑧近い
⑨東京　⑩広い　⑪時間　⑫何日
⑬妹　⑭汽車

3年　仕上げのテスト

94〜96ページ　仕上げのテスト

1 ①ちゅうい・あん　②きし・ほう
③しょうてん・ちずちょう
④よてい・やど　⑤こうてい・お
⑥おも・りょかん　⑦かい・いき

2 ①竹林　②昭和　③自転車　④第一
⑤一等　⑥宮　⑦畑　⑧去年　⑨礼
⑩待つ　⑪数秒　⑫少年　⑬多様　⑭口調

3 ①等しい　②悲しむ　③苦しむ　④登る
⑤円い　⑥幸せ　⑦転がす

4 ①部屋　②真っ青　③八百屋　④真っ赤
⑤真面目

5 ①病　②庫　③波　④笛

6 ①1相　2想　②1深　2真
③1界　2開　3階

7 ①明暗　②勝負　③軽重　④寒暑
⑤終始

8 ①イ　②ア

てびき

1 ⑥「重」には、「おも(い)」のほかに、「かさ(ねる)」、「かさ(なる)」という訓読みもあります。送りがながかわると読み方も意味もかわるので注意しましょう。

2 ②「平成(へいせい)」の前の年号が「昭和」です。

3 送りがなのまちがいに気をつけましょう。①「等い」「等としい」、②「悲む」「悲なしむ」、⑥「幸わせ」「幸あわせ」、⑦「転す」「転ろがす」としないようにしましょう。
③「苦」には、「くる(しむ)」のほかに、「くる(しい)」、「にが(い)」という訓読みもあります。
④「登る」を「上る」と書かないように気をつけましょう。「山に登る」ことを「登山」(とざん)といいます。

4 とくべつな読み方の言葉は、漢字一字ずつではなく、言葉全体で読みます。

5 ②「广」(まだれ)がつく漢字には、「庭」や「店」などもあります。
③「氵」(さんずい)がつく漢字には、「湖」や「湯」などもあります。
④「⺮」(たけかんむり)がつく漢字には、「第」や「箱」などもあります。

6 漢字の意味を考えて、正しく使い分けましょう。
①音読みが同じで、形もにている「相」と「想」を区べつしましょう。
②**1**「しんや」は「真夜中」(まよなか)のことですが、「真夜」ではなく「深夜」と書きます。「夜が深まる」とおぼえましょう。
③**1**「界」を使った言葉は、「業界」があります。
2「開」は、訓読みで「ひら(く)」と読みます。「開会」は「会を開く」(会を始める)とおぼえましょう。
3「階」を使った言葉には、「階だん」があります。

7 ①「明暗」は「めいあん」、②「勝負」は「しょうぶ」、③「軽重」は「けいちょう」、④「寒暑」は「かんしょ」、⑤「終始」は「しゅうし」と読みます。

3 2 1 0 9 8 7 6 5 4
＊ ＊ D C B A